INVESTIGAR EN LENGUA EXTRANJERA

NORMAS Y PROCEDIMIENTOS

GRETEL ERES FERNÁNDEZ
MARIA ETA VIEIRA
MARÍLIA VASQUES CALLEGARI

Companhia Editora Nacional

© Casa del Lector, 2008
© Companhia Editora Nacional, 2008

Direção editorial Antonio Nicolau Youssef
Coordenação editorial Célia de Assis
Edição Víctor Barrionuevo
Produção editorial Lisete Rotenberg Levinbook
Coordenação de iconografia Maria do Céu Pires Passuello
Coordenação de arte Narjara Lara
Assistência de arte Viviane Aragão

Série Librería Española e Hispanoamericana – Casa del Lector

Edição M. Cristina G. Pacheco
Assistência editorial Neisy A. E. Forhan
Gabriela Hashimoto da Silva
Projeto Gráfico Equipe Casa del Lector
Edição iconográfica Equipe Casa del Lector
Editoração eletrônica Renata Meira Santos

```
Dados  Internacionais  de  Catalogação  na  Publicação   (CIP)
       (Câmara  Brasileira  do  Livro,  SP,  Brasil)

Fernández, Gretel Eres
  Investigar en lengua extranjera : normas y
procedimientos / Gretel Eres Fernández, Maria
Eta Vieira, Marília Vasques Callegari. --
São Paulo : Companhia Editora Nacional, 2008. --
(Série librería espanhola e hispanoamericana)

  Bibliografia.
  ISBN 978-85-04-01313-9

  1. Espanhol - Estudo e ensino 2. Língua
estrangeira 3. Lingüística aplicada 4. Pesquisa
educacional I. Vieira, Maria Eta. II. Callegari,
Marília Vasques. III. Título. IV. Série.
```

```
08-04724                                    CDD-460.7
```

Índices para catálogo sistemático:

1. Espanhol : Estudo e ensino   460.7

Iª edição – São Paulo – 2008
Todos os direitos reservados

CTP, Impressão e Acabamento
IBEP Gráfica

Companhia
Editora Nacional

Av. Alexandre Mackenzie, 619 – Jaguaré
São Paulo – SP – 05322-000 – Brasil –Tel.: (11) 2799-7799
www.editoranacional.com.br

INVESTIGAR EN LENGUA EXTRANJERA

NORMAS Y PROCEDIMIENTOS

INVESTIGAR EN LENGUA EXTRANJERA: NORMAS Y PROCEDIMIENTOS

Profa. Dra. Gretel Eres Fernández – FEUSP
Profa. Maria Eta Vieira – Doctorado FEUSP
Profa. Marília Vasques Callegari – Doctorado FEUSP[1]

---

[1] Este trabajo se inserta entre las actividades del Grupo de Investigación *Ensino-aprendizagem de Espanhol,* registrado en el *CNPq,* del cual forman parte las autoras.

PRESENTACIÓN

El creciente interés por la enseñanza y por el aprendizaje del español en Brasil ha provocado también un creciente interés por la investigación académica de los más distintos aspectos relacionados con necesidades y dificultades de alumnos y profesores. Si hasta fechas recientes eran pocos los que se atrevían a ingresar en los cursos de posgrado, hoy la demanda es tan grande que prácticamente exige la creación de nuevos programas y el incremento de los ya existentes.

Paralelamente, dadas las exigencias de los programas de las carreras, muchos estudiantes dan los primeros pasos en el campo de la investigación durante la etapa de formación inicial, es decir, mientras realizan su carrera universitaria.

Sin embargo, sea durante los estudios de grado o de posgrado, varias dudas se le presentan al que se inicia como investigador y no siempre los tutores o directores de tales trabajos disponen de las condiciones necesarias para auxiliarlo o no son esas las personas que deben hacerlo.

Lo que se pretende en este breve estudio es poner en discusión algunas de las principales dudas y dificultades con las que se ven los investigadores durante la elaboración de su trabajo, desde la etapa inicial, es decir, desde la elección del tema sobre el cual va a remontar su trabajo, hasta la final, cuando presentarán formalmente la investigación realizada. Claro está que no pretendemos presentar soluciones a todos y a cada uno de los problemas. Antes, nuestro propósito es relacionar y comentar algunas de las dudas y dificultades más frecuentes que se les presentan a los estudiantes y, siempre que sea posible, indicar formas de superarlas. Aclaramos, además, que aunque nos referiremos específicamente a los trabajos de investigación relacionados al área del español como lengua extranjera (E/LE), nuestras consideraciones se aplican, en su mayoría, a todos los idiomas y, en lo que se refiere a normas y procedimientos, se puede afirmar que son válidas para el área de las humanidades en general.

Las autoras.

Introducción

A lo largo de nuestra vida académica hemos tenido que hacer frente, en varias ocasiones, al desafío que supone realizar investigaciones. ¿Cómo vincularse a una institución? ¿Qué requisitos hay que cumplir? ¿Cómo se estructura un programa de posgrado en las universidades brasileñas? ¿Qué tema elegir? ¿Cómo redactar el proyecto y, más adelante, la memoria o la tesis, según el nivel de investigación a que se refiera?

Preguntas como las anteriores que en su día nos las hicimos a nosotras mismas, hoy, con frecuencia, las oímos de nuestros alumnos y de profesionales que pretenden dar seguimiento a su formación.

Si, por un lado, existen manuales en el mercado que tratan de aclarar las normas formales exigidas en los textos académicos, por otro, preguntas sobre los pasos que hay que dar antes de vincularse a una institución y presentar un plan de investigación no siempre encuentran respuestas con facilidad.

Con el propósito de auxiliar a los estudiantes que realizan una carrera o un curso de posgrado ofrecemos esta obra: a partir de nuestra experiencia profesional recogemos, en el primer capítulo, información general sobre los procedimientos administrativos para ingreso en un programa de investigación. Dado que cada institución posee normas específicas y que sería imposible relacionarlas todas aquí, indicamos los trámites más frecuentes y usuales, en especial los característicos de las universidades públicas brasileñas. También basadas en lo que suele ser más común, en ese mismo capítulo presentamos información general sobre la estructura de los programas de investigación, tanto los vinculados a las carreras universitarias como a los cursos de posgrado.

El segundo capítulo está dedicado a la elección del tema de investigación, puesto que lo primero que hay que definir es el asunto que se pretende conocer más a fondo, lo cual no siempre resulta una tarea sencilla. En ese sentido se incluye información sobre los distintos campos del conocimiento relacionados al área del español.

El capítulo tercero está dedicado a los tipos de investigación e instrumentos de recolección de datos que con más frecuencia se utilizan en el área. Así, a partir de una breve información sobre las diversas formas de plantear un estudio científico, ofrecemos aclaraciones sobre la metodología de investigación, a la vez que tratamos de explicitar los propósitos a que se destina de forma más directa cada una de las líneas de investigación.

La elaboración de un proyecto de investigación se discute en el capítulo cuarto, cuando se comentan las partes que lo integran y sus características.

Por fin, en el capítulo quinto se incluyen consideraciones relacionadas a la elaboración de monografías y tesis, además de orientación general sobre algunos de los textos que con más frecuencia se deben elaborar a lo largo de los estudios.

El objetivo central de este libro es, por lo tanto, ofrecer una guía práctica que pretende desvelar las distintas etapas del proceso investigativo teniendo siempre presente que sea cual sea el programa de investigación al que el alumno se vincule, lo principal es saber que a partir del momento en que uno se presenta a cualquiera de ellos se compromete a dedicarse a él y a cumplirlo en su totalidad. De esta forma, el estudiante asume un compromiso con él mismo, con su director de tesis y con la institución en la cual desarrollará la investigación, lo cual exige seriedad, organización, disponibilidad de tiempo y profesionalismo. Además, cuando el estudiante está vinculado a una institución pública el compromiso asume proporciones todavía mayores: son pocas las plazas y muchos los interesados; de ahí que abandonar un proyecto a mitad de camino o hacer un trabajo de mala calidad supone grandes pérdidas para muchos.

SUMARIO

I – El inicio de una investigación: conocer las normas y los procedimientos administrativos 25

I.1. La *Iniciação Científica* 28

    I.1.1. El proceso de selección: normas y procedimientos administrativos 28

    I.1.2. Becas 29

    I.1.3. Actividades 30

I.2. El Posgrado 31

    I.2.1. Posgrado *lato sensu* 31

        a. El proceso de selección: normas y procedimientos administrativos 32

        b. Título otorgado 32

    I.2.2. Posgrado *stricto sensu* 33

        a. El proceso de selección: normas y procedimientos administrativos 33

        b. Conocimiento de lenguas extranjeras 35

        c. Becas 36

        d. Director de investigación 37

I.3. Estructura de los programas de posgrado *stricto sensu* 40

    I.3.1. Actividades de posgrado 41

        a. Asistencia a cursos 41

        b. Realización de otras actividades 42

I.3.2. Plazos 43
I.3.3. Alumnos especiales 44
   a. Alumnos vinculados a otros programas de posgrado 44
   b. Alumnos sin vínculo con programas de posgrado 44
I.3.4. Examen Intermedio 45
I.3.5. Defensa de la Disertación y de la Tesis 48
I.4. Convalidaciones 50
I.4.1. Asignaturas cursadas en el exterior 51
I.4.2. Títulos obtenidos en el exterior 51

II – Cómo elegir el tema de una investigación 53

II.1. Los campos del conocimiento 56

   II.1.1. Literaturas 57
      a. Literatura española 57
      b. Literaturas hispanoamericanas 58
      c. Enseñanza de literaturas 58
   II.1.2. Traducción 59
   II.1.3. Lengua 60
   II.1.4. Didáctica de E/LE 61
      a. Enseñanza de E/LE 61
      b. Aprendizaje de E/LE 61
      c. Métodos, recursos y estrategias didácticas 62

d. Adquisición y aprendizaje de idiomas 62
e. Evaluación 63
f. Sistema educativo, legislación y documentos oficiales 63
II.1.5. Aspectos socioculturales 63
II.1.6. Enseñanza de portugués a hispanohablantes 64

II.2. El tema de estudio 65

II.2.1. Las áreas de estudio 65

II.2.2. Las subáreas de estudio 67

II.2.3. El tema de la investigación 70

III - Tipos de investigación e instrumentos de recolección de datos 73

III.1. Tipos de investigación 76

III.1.1. Estudios cualitativos 76

III.1.2. Estudios cuantitativos 77

III.1.3. Estudios cualitativos y cuantitativos 78

III.1.4. Investigación-acción 78

III.1.5. Investigación colaborativa 79

III.2. Obtención de datos 80

III.2.1. Investigación bibliográfica 80

III.2.2. Investigación de campo 81

III.3. Instrumentos de recolección de datos 83

III.3.1. Observación de clases 84

III.3.2. Entrevistas 85

a. entrevistas guiadas 85

b. entrevistas espontáneas 86

III.3.3. Cuestionarios y tests 86

III.4. Cuidados especiales 87

IV – La elaboración de un proyecto de investigación 89

IV.1. Funciones y estructura del proyecto 91

IV.1.1. Página inicial 93

IV.1.2. Sumario 93

IV.1.3. Título 93

IV.1.4. Introducción 95

IV.1.5. Objetivos 97

IV.1.6. Justificación 98

IV.1.7. Formulación del problema 99

IV.1.8. Elaboración de hipótesis 100

IV.1.9. Fundamentos teóricos 100

IV.1.10. Metodología y procedimientos 101

IV.1.11. Cronograma 101

IV.1.12. Bibliografía 102

IV.2. El lenguaje del proyecto 103

IV.3. Cambios en el proyecto 105

V – Los trabajos académicos: algunas consideraciones ... 107

V.1. Resumen 109

V.2. Comentario crítico 111

V.3. Artículo 111

V.4. Informes 113

    V.4.1. Informes de actividades realizadas 114
    V.4.2. Informes parciales de la investigación 115
        a. destinados a organismos de financiación 115
        b. destinados al examen intermedio 116
        c. de *Iniciação Científica* 117

V.5. Monografía 118

V.6. La Disertación de *Mestrado* y la Tesis Doctoral 120

    V.6.1. La Disertación 120
    V.6.2. La Tesis 121
    V.6.3. Elaboración de Disertaciones y Tesis 122

Bibliografía 125

I - El inicio de una investigación: conocer las normas y los procedimientos administrativos

Ambientado en la vida académica, el alumno de una carrera se acostumbra y aprende a elaborar distintos tipos de trabajos exigidos por los profesores de las diferentes asignaturas. En muchas carreras se incluyen clases – obligatorias u optativas – sobre metodología del trabajo académico y/o de la investigación científica, lo cual le permite al estudiante conocer algunas normas esenciales para la presentación de tales textos así como sobre la realización de investigaciones.

Sin embargo, no siempre resulta fácil encontrar información sobre los programas institucionales de investigación. Podemos decir que los principales son:

a) programas de *Iniciação Científica*[2];

b) programas de posgrado *lato sensu*; y

c) programas de posgrado *stricto sensu* – Mestrado y Doctorado

Cada uno de ellos atiende a propósitos muy diferentes y, por lo tanto, presenta características y estructuras también diferentes. Sin embargo, los une la necesidad de superar un proceso de selección y la investigación que hay que llevar a cabo. Como se trata de niveles distintos (carrera y posgrado), los procedimientos, el grado de exigencia y de profundidad de los estudios también varían de uno a otro. En los apartados

---

[2] Con el propósito de evitar dudas provocadas por traducciones que no siempre se equivalen totalmente, optamos por mantener en portugués los términos *Iniciação Científica*, *Mestrado* y *Mestre*.

siguientes se indican los trámites más usuales en cada caso así como lo que se espera del investigador y qué se puede esperar de cada programa.

I.1. La *Iniciação Científica*

Los programas de *Iniciação Científica* (*IC*) se destinan a alumnos de carreras universitarias que pretenden, como su nombre lo indica, introducirse en el campo de la investigación académica.

Tales programas se configuran como un paso importante – pero no obligado – para investigaciones posteriores en nivel de posgrado. Es una de las primeras oportunidades que tiene el estudiante para reflexionar sobre temas de su interés más directo y profundizar sus estudios en un campo específico del conocimiento.

I.1.1. El proceso de selección: normas y procedimientos administrativos

El ingreso en un programa de *IC* ocurre a partir de un proceso de selección específico, regido por normas y procedimientos establecidos por cada unidad universitaria. Para conocerlos lo más indicado es ponerse en contacto directamente con el Servicio de Investigación de la institución de interés. Las principales universidades suelen incluir en sus páginas *Web* la información pertinente. Vale recordar que facilitar tales datos no les corresponde a los profesores tutores o directores, aunque muchas veces se dispongan a hacerlo.

De manera general, el candidato debe presentar fotocopia de sus documentos personales, de su expediente académico, de su *curriculum vitae* y un proyecto de investigación detallado. Además, tiene que contar con la aceptación de un profesor tutor[3], quien también presentará una justificativa sobre la relevancia del proyecto del estudiante.

El proyecto y toda la documentación serán analizados por una comisión especializada designada por la institución y, posteriormente, el candidato y el profesor tutor serán informados sobre el resultado. En función de la periodicidad de las reuniones ordinarias de la comisión, el trámite suele concluirse en sesenta días, aproximadamente.

Conviene que la elección del profesor tutor se paute por la cercanía entre las líneas de investigación en que este actúa y el proyecto que el alumno pretende desarrollar. En ese sentido, como durante la carrera el estudiante conoce a varios profesores, no tendrá muchas dificultades para saber cuál – o cuáles – podrían aceptarlo en el programa.

I.1.2. Becas

Las investigaciones de *IC* pueden llevarse a cabo con o sin el apoyo de becas. En el caso de que el alumno solicite ayuda

---

[3] El profesor tutor, en el caso de la *Iniciação Científica*, debe poseer, como mínimo, el título de *Mestre*.

económica, el proceso de selección también considerará ese aspecto, una vez que la cantidad de becas suele ser bastante limitada. Concedida la beca, el alumno firma un contrato y está obligado a presentar informes periódicos sobre el trabajo de investigación a la agencia de financiación correspondiente y el profesor responsable también debe adjuntar una evaluación personal sobre el desempeño del becario.

El Servicio de Investigación o de la Carrera podrá informar, en su momento, tanto sobre el importe de la beca y las condiciones para solicitarla como sobre plazos, restricciones, obligaciones, etc. Es fundamental que el candidato tome conocimiento de esas normas y las cumpla rigurosamente, una vez que su transgresión puede tener serias consecuencias.

I.1.3. Actividades

Los programas de *Iniciação Científica* – amparados por becas o no – suelen tener la duración máxima de doce meses, tiempo del que dispone el estudiante para realizar su trabajo de investigación. En la mayoría de las instituciones se le exige al candidato becario que participe como ponente en eventos específicos de *Iniciação Científica*, ocasión en la que debe presentar los resultados – parciales o finales – de su investigación. Hay que añadir que este tipo de trabajo solo se puede llevar a cabo simultáneamente al curso de graduación, lo que equivale a decir que el ingreso en un programa de *IC* tiene que darse, como máximo, doce meses antes de la conclusión del curso superior. La exigencia de participación en otras actividades (monitoría, asistencia a clases, etc.) varía de institución a institución. Por lo tanto, el estudiante, al inclinarse por la participación en un programa de este tipo, tiene que considerar con mucho cuidado que además de seguir adelante con su curso y de atender a las exigencias correspondientes (asistencia a clases, lecturas, elaboración de trabajos, exámenes, etc.), también debe disponer de tiempo suficiente para realizar la investigación vinculada a la *IC* y cumplir las actividades exigidas por la institución.

I.2. El Posgrado

Los programas de posgrado poseen dos modalidades: *lato sensu* (o especialización) y *stricto sensu* (niveles de *Mestrado* y Doctorado) y cada una atiende a fines distintos.

I.2.1. Posgrado *lato sensu*

El posgrado *lato sensu* se caracteriza por un conjunto de asignaturas que se deben cursar, generalmente, a lo largo de dieciocho o veinticuatro meses o bien en períodos concentrados, como durante los meses de vacaciones escolares, por ejemplo. Cada asignatura se evalúa por separado a partir de pequeños trabajos, exámenes, seminarios, etc. Al final del programa el estudiante debe presentar una monografía de conclusión: se trata de una investigación más detallada, de carácter teórico o teórico y práctico, relacionada a uno de los temas tratados a lo largo del programa o a una de las asignaturas cursadas. Algunas instituciones designan profesores tutores[4] especialmente para dirigir y supervisar la elaboración de la monografía; en otras esta función queda a cargo del coordinador del curso de posgrado *lato sensu*.

El funcionamiento y las normas que rigen tanto los programas vinculados a instituciones brasileñas como extranjeras, y tanto los programas presenciales como semipresenciales o a distancia son bastante semejantes.

a. El proceso de selección: normas y procedimientos administrativos

Aunque varias universidades públicas ofrecen programas *lato sensu*, esta modalidad de posgrado no suele ser gratuita incluso en ese tipo de institución y los precios varían mucho, tanto entre las instituciones públicas como entre las privadas. El número de plazas suele ser limitado a 25 alumnos por grupo, pero de forma general no hay procesos de selección pautados por exámenes: se exige que el candidato posea formación universitaria y presente fotocopia de los documentos usuales (personales y académicos).

b. Título otorgado

Una vez cumplido el programa en su totalidad, el estudiante recibe un certificado de haber cursado el posgrado *lato sensu* o especialización. Esta titulación no equivale al *Mestrado*, ni es paso obligado para su realización. Sin embargo, es una modalidad importante porque permite que

---

[4] En los programas de posgrado el profesor tutor debe poseer, como mínimo, el título de Doctor.

el estudiante se profundice en cuestiones teóricas y elabore un trabajo de investigación de un nivel más elevado que los trabajos de grado. A la vez, la realización de este tipo de posgrado le ayuda al estudiante en la adquisición de conocimientos y de experiencia que le serán muy útiles si desea, posteriormente, vincularse a un programa de posgrado *stricto sensu*.

Algunas facultades privadas, dada la carencia de profesores con titulación de *Mestre* o Doctor en el área del Español, contratan docentes que hayan concluido cursos de especialización, pero esa es una situación excepcional y provisional, es decir, a la larga se le solicitará que realice un posgrado *stricto sensu*.

I.2.2. Posgrado *stricto sensu*

El posgrado *stricto sensu* posee dos niveles: *Mestrado* y Doctorado. Aunque existe también la posibilidad de hacer el Doctorado directamente, es decir, sin pasar por la etapa del *Mestrado*, esa no es una práctica común en nuestro país.

El posgrado *stricto sensu* es condición obligatoria para ejercer la docencia en cursos superiores. Cada vez es más frecuente que las universidades soliciten e incentiven a sus profesores a que participen en programas de Doctorado una vez que hayan concluido el *Mestrado*.

a. El proceso de selección: normas y procedimientos administrativos

Para ingresar en un programa de *Mestrado* o Doctorado el candidato debe superar un proceso de selección que varía de una institución a otra. Tanto los requisitos, como los períodos de inscripción y pruebas, la documentación necesaria, etc. están determinados por normas y procedimientos específicos que pueden ser muy distintos. Algunas instituciones realizan la selección de candidatos dos veces al año, mientras que en otras el proceso ocurre tan solo una vez a cada doce meses.

La cantidad de plazas disponibles obedece a lo establecido en el reglamento interno de cada institución: en las universidades públicas cada director de tesis puede tener, como máximo, diez alumnos de posgrado simultáneamente, aunque exista la recomendación y el empeño oficial de que se restrinja ese número a ocho o incluso a seis. De ahí que en cada proceso de selección sean relativamente pocas las plazas ofrecidas.

Detalles sobre la época de inscripción, documentación, procedimientos, plazas, etc. se pueden obtener en el Servicio de Posgrado de la institución o en la página *Web* correspondiente.

Estudiantes que poseen título universitario otorgado por instituciones extranjeras deben convalidarlo en Brasil antes de presentarse a un proceso de selección al posgrado, trámite que suele ser bastante demorado. El Vicerrectorado de Grado (*Pró-Reitoria de Graduação*) de la institución es el sector idóneo para informar sobre los procedimientos que se deben seguir.

Por razones éticas, no conviene solicitarle al eventual director de tesis que opine sobre el proyecto que se pretende presentar para participar del proceso de selección; incluso, en algunas instituciones esta práctica no se admite ya que una de las capacidades que se espera de un futuro investigador – y que también se evalúa - es su aptitud para redactar un proyecto por sí mismo, sin contar con la ayuda de especialistas.

b. Conocimiento de lenguas extranjeras

Una de las condiciones para participar de un programa de posgrado *stricto sensu* es certificar el conocimiento de una o dos lenguas extranjeras (según se trate del *Mestrado* o del Doctorado, respectivamente). Aquí, también, cada institución determina qué idiomas se aceptan y las formas de certificar el conocimiento que, en general, suelen ser a partir de una prueba escrita de traducción directa o de interpretación de textos del área. Existen programas de posgrado que eximen de esta prueba a los candidatos que certifiquen, a través de documentación oficial, poseer conocimientos del idioma en cuestión. Como no siempre existe esta posibilidad, lo más indicado es informarse sobre el particular en el Servicio de Posgrado de la institución elegida.

Gran parte de los programas de posgrado permite que el candidato extranjero se examine en su lengua materna, siempre y cuando compruebe poseer residencia permanente en Brasil, ya que lo que se pretende averiguar con ese examen es la comprensión e interpretación de textos escritos en lengua extranjera. Sin embargo, como esta no es una práctica totalmente generalizada, habrá que informarse directamente en cada institución.

Por otra parte, a los candidatos extranjeros con residencia provisional en Brasil se les exige conocimiento en lengua portuguesa, lo cual se certifica o bien por un examen de suficiencia en este idioma o bien por la presentación de un certificado oficial, dependiendo de las normas de cada entidad.

Independientemente del idioma elegido por el candidato entre las posibilidades que le ofrece la institución en esa etapa de la selección (inglés, español, francés, alemán, etc.), hay que tener presente que gran parte de la bibliografía del área de E/LE solo está disponible en inglés; por ese motivo es fundamental que el futuro investigador posea buenos conocimientos en ese idioma – al menos en lo referido a la comprensión lectora - puesto que, en ocasiones, tendrá que recurrir a textos que no están traducidos a otras lenguas.

c. Becas

Existe la posibilidad de solicitar una beca a entidades de financiación a la investigación. La época de solicitud, los criterios y normas para su concesión, los valores y el tiempo de duración de cada beca también los divulgan las universidades. Sin embargo, es fundamental tener presente que bajo ningún concepto está permitido beneficiarse de dos (o más) becas simultáneamente: las mismas agencias de financiación – nacionales y/o internacionales –, al hacer el cruce de datos, si detectan la duplicidad de becas, aplican las penalidades previstas en los contratos que pueden ir desde la pérdida de las mencionadas ayudas hasta la exigencia de la restitución de los importes recibidos por el interesado. De idéntica manera, al ser beneficiario de una beca el investigador no puede mantener vínculos laborales con ningún tipo de entidad.

Lo más frecuente es que a cada seis meses el estudiante beneficiario de una beca tenga que presentar un informe detallado de las actividades realizadas en el período inmediatamente anterior, acompañado de otro informe elaborado por su director de tesis.

También es normal que al ser beneficiario de una beca de posgrado las agencias de financiación estipulen plazos más cortos que el determinado por la universidad para el cumplimiento total del programa.

d. Director de investigación

La elección del director del trabajo de investigación también se rige por normas propias de cada institución: en algunas, existe un contacto previo entre candidato y futuro director; en otras no. Sea cual sea el caso, es importante averiguar si el profesor que al candidato le gustaría tener como director de su trabajo actúa en el área específica a la cual se vincula el proyecto de investigación: ningún profesor universitario posee experiencia, conocimientos o interés en todos los campos del saber. Así, por ejemplo, un profesor de literatura puede no interesarse por el campo de la traducción, o un profesor de lengua puede no disponerse a dirigir trabajos vinculados a teorías de adquisición de idiomas.

Para conocer los campos de investigación y de actuación de los docentes se puede recurrir al Servicio de Posgrado de la universidad en la cual el profesor actúa o partir del análisis de su *Curriculum Vitae – Plataforma Lattes*, disponible en el sitio http://www.cnpq.br.

Existe la posibilidad de solicitar el cambio de director de tesis durante el período en que el alumno está vinculado al programa de posgrado. Sin embargo, esa no es una práctica común ya que debe haber fuertes razones, debidamente justificadas, para pedir un cambio como ese, para lo que la Comisión de Posgrado se encarga de analizar la solicitud y emite su opinión. En cualquier caso, hay que considerar que no es frecuente ni demasiado sencillo que un profesor acepte dirigir el trabajo que ya empezó a realizar otro, en ocasiones con otros puntos de vista y referencial teórico diferente.

Hay que señalar, además, cuáles son las funciones del director de tesis y qué se puede o se debe esperar de él.

La principal función del director de tesis es, como su nombre lo indica, dirigir el trabajo de investigación. En este sentido, le cabe orientar y proponer los caminos – teóricos, prácticos y metodológicos – más adecuados en cada caso. A partir del proyecto de investigación elaborado y presentado por el candidato, el director de tesis debe discutir y señalar los eventuales cambios, ajustes y alcance de la propuesta. Para tanto, puede indicar lecturas, cursos y actividades que colaboren con la calidad de la investigación y/o con la formación académica y profesional del estudiante. Ese tipo de actividad se repite a lo largo de todo el tiempo de desarrollo del trabajo y, para ello, se realizan regularmente reuniones (presenciales y/o a distancia) entre ambos, director y alumno, que pueden ser solicitadas por cualquiera de los dos, siempre que se consideren necesarias.

Además, el director de tesis revisa los capítulos del trabajo a medida en que el estudiante los elabora, con el propósito de evaluar el nivel de coherencia teórica y metodológica de cada una de las partes y del conjunto, proponiendo ajustes, ampliaciones, modificaciones, etc., siempre que lo considera oportuno. Sin embargo, no se trata, en ningún caso, de hacer revisiones lingüísticas o de auxiliarle en la redacción de la tesis, aunque, con frecuencia, se indican eventuales incorrecciones o inadecuaciones, de fondo o de forma, existentes en ese campo.

También es el director el responsable por dar el visto bueno sobre las asignaturas y actividades que realiza el estudiante, en el informe para el examen intermedio (*relatório para exame de qualificação*) y en el trabajo final antes de su entrega oficial. De idéntica manera, también tiene que aprobar los informes parciales y final cuando se trata de alumno becario, cuando este pide ayudas económicas a organismos oficiales para participar de eventos o cuando pretende presentar parte de su trabajo de investigación en algún evento. Por fin, es el director el que preside los tribunales del examen intermedio y de defensa de la tesis y quien tiene la palabra final sobre la indicación de los miembros titulares y suplentes que los compondrán.

Es bastante común que el director le sugiera al estudiante la elaboración de trabajos menores relacionados al tema de su investigación de posgrado, sea para presentarlos en eventos, sea para publicación. En tales casos, el director participa directamente del trabajo y figura como coautor.

Hay que llamar la atención para el hecho de que no es función del director dar orientaciones sobre las normas y procedimientos burocráticos: para eso está el Servicio de Posgrado de la institución. Tampoco figura entre sus funciones llevar el control de la vida académica del estudiante (plazos de matrículas, control de créditos cumplidos, plazos para entrega de informes y de la tesis, etc.), aunque en ocasiones lo haga.

En situaciones muy específicas y poco frecuentes (restringidas al nivel de Doctorado) hay la posibilidad de que se incorpore un segundo director de tesis. En ese caso, el codirector tiene la función de colaborar con la investigación en el sentido de aportar orientación específica sobre un campo que no pertenece al área de especialización del director principal. El codirector se atiene a aquellos aspectos que integran su campo de actuación, sin intervenir en la configuración global del trabajo, que sigue bajo la responsabilidad del director principal. La conveniencia o necesidad de solicitar una codirección será decidida por el director principal y deberá estar aprobada por los organismos institucionales correspondientes.

I.3. Estructura de los programas de posgrado *stricto sensu*

Los diferentes programas de posgrado *stricto sensu* poseen estructuras muy semejantes: hay que cursar algunas asignaturas, realizar actividades variadas y la investigación propuesta en el proyecto presentado en el acto de inscripción al proceso de selección. A continuación, se incluyen algunas informaciones sobre las asignaturas y demás actividades.

I.3.1. Actividades de posgrado

Además de realizar la investigación propuesta en el momento del ingreso, el estudiante de posgrado (*Mestrado* y/o Doctorado) debe cumplir otras exigencias establecidas por la institución. Son dos las principales, aunque puede haber otras a criterio de cada unidad universitaria, como indicamos a continuación.

a. asistencia a cursos

La cantidad de cursos, normalmente registrada bajo la forma de créditos, varía de un programa de posgrado a otro. Las asignaturas que se han de cursar se definen, de común acuerdo, entre el estudiante y su director de tesis, teniendo en cuenta tanto el tema de la investigación como la formación académica y profesional del estudiante así como eventuales normas específicas de la institución, como la existencia o no de asignaturas que se deben cursar obligatoriamente, por ejemplo. Cada asignatura suele tener la duración de un semestre escolar, con clases, casi siempre, una o dos veces a la semana. Existe la posibilidad de convalidar algunas asignaturas cursadas en otra institución (cuyo programa de posgrado esté reconocido oficialmente por la CAPES[5]) ajena a la que se está vinculado; sin embargo, antes de recurrir a ese expediente, es fundamental averiguar las normas y procedimientos específicos.

---

[5] Capes: *Fundação Coordenação de Aperfeiçoamento de Pessoal de Nível Superior*, instancia que tiene, entre otras atribuciones, las de autorizar, reconocer y evaluar los programas de posgrado en Brasil.

Como en cualquier curso presencial, hay criterios de frecuencia y evaluación. Las exigencias propias de cada asignatura (lecturas, trabajos de investigación, seminarios, monografías, exámenes, etc.) las determina el profesor responsable. Aunque no sea obligatorio, conviene que el estudiante le presente a su director de tesis copia de los trabajos realizados para las diferentes asignaturas cursadas. No se trata de que el director evalúe esos estudios monográficos, sino de que acompañe la evolución y las actividades del estudiante durante su permanencia en el programa de posgrado. Además, siempre que exista la posibilidad, conviene que los trabajos elaborados como parte de la evaluación de asignaturas se relacionen al objeto de investigación de posgrado, de forma a que resulte más clara la vinculación entre los estudios parciales y la investigación final.

b. realización de otras actividades

Normalmente se le exige al estudiante que cumpla un número determinado de créditos en otras actividades, independientes de las asignaturas y de su trabajo de investigación. Las actividades más comunes y válidas para ese fin son la asistencia con o sin presentación de ponencias en eventos del área (congresos, simposios, encuentros, etc.), nacionales o internacionales, y la publicación de trabajos, artículos y libros. En general, al final de cada semestre hay que presentar un informe detallado sobre las actividades realizadas. Le corresponde al director de tesis proponer y justificar (apoyado en las normas institucionales) la cantidad de créditos que se han de otorgar. Sin embargo, la decisión final sobre el número de créditos que se atribuirán queda en manos de la Comisión de Posgrado.

I.3.2. Plazos

Cada institución posee cierta autonomía en lo referido a los programas de posgrado, por eso no es posible informar con exactitud los plazos máximos para la realización del *Mestrado* o del Doctorado. En algunas universidades, el plazo para el primero es de dos años y en otras puede llegar a tres años y medio o cuatro. Ya para el Doctorado el plazo puede variar entre los tres y los cinco años. Este tipo de información también suele divulgarse en la página *Web* de cada universidad y, de forma más específica, de cada facultad o programa de posgrado.

Existe la posibilidad de solicitar prórroga del plazo, pero solo en casos excepcionales y debidamente justificados se la concede. Por lo tanto, no conviene contar con este expediente, ya que rara vez se autoriza un tiempo mayor que el estipulado oficialmente. Además, vale recordar que esta autorización independe del director de tesis.

De fundamental importancia también es el estar atento a los plazos para matricularse en las diferentes asignaturas y para proceder a la entrega de informes. En general, los criterios son muy rígidos y no se admiten solicitudes de prórrogas una vez terminado el plazo oficial.

También hay que señalar que una vez cursadas todas las asignaturas necesarias e incluso si ya se han cumplido los créditos referentes a las actividades, normalmente hay que seguir matriculándose semestralmente, condición esencial para no perder la plaza. Como eso puede variar entre las diferentes instituciones, conviene mantenerse informado a través del Servicio de Posgrado correspondiente.

I.3.3. Alumnos especiales

En muchas instituciones existe la categoría "alumno especial", pero cada una puede establecer criterios diferentes de admisión, como se detalla a seguir.

a. alumnos vinculados a otros programas de posgrado

En algunas facultades solo se consideran como alumnos especiales los estudiantes que ya están vinculados a otros programas de posgrado pero que, por alguna razón, desean cursar una asignatura en una institución distinta de la suya. Para eso, el director de tesis de la unidad de origen debe dar su autorización al candidato y la unidad que lo recibe también debe manifestar su conformidad y ambas instituciones deben tener sus programas de posgrado reconocidos oficialmente por la CAPES.

Al concluir el curso, el alumno solicita el envío de su nota y frecuencia a su unidad de origen, que consignará estos datos en el expediente académico del estudiante. Sin embargo, hay que tener presente que, en general, hay un límite máximo de asignaturas que se pueden cursar en otros programas de posgrado.

b. alumnos sin vínculo con programas de posgrado

Muchas veces se da el caso de que un estudiante que todavía no ha ingresado en ningún programa de posgrado desea cursar alguna asignatura en una institución, sea para empezar a familiarizarse con los estudios en este nivel, sea para terminar de definir su proyecto de investigación, etc.

Diversas instituciones aceptan estas solicitudes, siempre y cuando haya plazas en los grupos y con el consentimiento del profesor responsable por la asignatura. Sin embargo, esta no es una norma general, puesto que existen entidades que no aceptan en sus cursos alumnos que no poseen vínculo oficial con un programa de posgrado.

En aquellas instituciones que no aceptan los alumnos que no participan de ningún programa de posgrado queda, aún, la posibilidad de cursar alguna asignatura como "oyente". Sin embargo, son pocos los profesores y las instituciones que autorizan este tipo de participación y, además, al concluir la asignatura, el estudiante no tiene derecho a ningún tipo de certificado.

I.3.4. Examen intermedio

Durante el proceso de investigación, y tras haber cumplido integralmente las exigencias referentes a la realización de cursos y otras actividades, el estudiante debe someterse a un examen intermedio, denominado en algunas instituciones como *pré-defesa* y en otras como *exame geral de qualificação*.

Existen, también, plazos oficiales para su realización y como también varían de una entidad a otra, no es posible precisarlos aquí.

Entre las principales funciones de este examen está la de que otros especialistas analicen el trabajo en una etapa intermedia de su elaboración y hagan sugerencias con el propósito de elevar la calidad de la investigación, de profundizar la línea teórica y/o metodológica, o de matizar puntos considerados de mayor interés.

Este examen puede ser abierto o no al público, según criterios de cada institución y los profesores que integran el tribunal[6] – a excepción del director de tesis – no necesariamente tienen que ser los mismos que compondrán el tribunal de defensa final del trabajo. Sin embargo, es frecuente que sean los mismos especialistas los que participen de las dos evaluaciones.

En general, hay que entregar entre cuatro y seis ejemplares completos del informe en el Sector de Posgrado dentro del plazo reglamentario. Como esos ejemplares se destinan a la lectura previa por parte de los miembros que compondrán el tribunal, no se puede hacer cambios de ningún tipo en el texto con posterioridad a su entrega.

Durante el examen, cada miembro del tribunal dispone de media hora para hacer su intervención, que incluye comentarios, críticas, sugerencias, preguntas y el candidato dispone de igual tiempo para comentar y responder a cada uno de los profesores examinadores.

La forma de participación puede variar: cada examinador puede optar por hacer todos sus comentarios primero y

---

[6] Todos los profesores miembros de tribunales deben poseer el título mínimo de Doctor.

solicitar que el candidato dé sus respuestas cuando termine su intervención, o bien optar por la modalidad de diálogo, situación en la que a cada comentario o pregunta el candidato ya emite su respuesta.

El director de tesis no suele intervenir a lo largo del examen o se restringe a unas pocas intervenciones cuando lo considera imprescindible.

Si el candidato lo desea, puede pedirle autorización al tribunal para grabar en audio el examen, pues esto le permite tener un registro más fiel de las críticas y sugerencias que si cuenta solo con sus apuntes y con la memoria. Cada tribunal tiene autonomía para autorizarlo o no.

El resultado del examen – aprobado o no – se le da a conocer al candidato inmediatamente después de la celebración de una reunión privada entre los miembros titulares del tribunal, al final del examen. El candidato aprobado seguirá con su investigación tratando de incorporar todas las sugerencias del tribunal.

Cuando un candidato no es aprobado, el mismo tribunal indica los motivos, también inmediatamente después de haberse reunido al final del examen, y le informa sobre los plazos reglamentarios para someterse a un nuevo examen.

Una tercera posibilidad cuando se trata del nivel de *Mestrado* – aunque bastante rara – es que el tribunal encuentre que el trabajo posee calidad muy superior a la que exige ese grado. En este caso, puede proponer oficialmente el cambio de nivel para Doctorado. Esta alteración conlleva unos trámites burocráticos que se gestionan en el Sector de Posgrado y que afectan la cantidad de créditos que el candidato ha de cumplir así como el plazo para la conclusión del trabajo y la superación del examen de una segunda lengua extranjera.

I.3.5. Defensa de la Disertación y de la Tesis

Concluido el trabajo de investigación el candidato ha de someterse a un examen público de defensa. Si se trata del nivel de *Mestrado*, el tribunal contará con la participación de tres profesores titulares, con el grado mínimo de Doctor, siendo que uno de ellos será, obligatoriamente, el director de tesis y ejercerá la función de presidente del tribunal, y otros dos profesores, también doctores, que estarán en la condición de suplentes. En el caso del doctorado se exigen, además del director de la tesis, otros cuatro profesores como titulares y tres o cuatro como suplentes. En algunas instituciones al menos uno de los profesores titulares debe poseer grado superior al de doctor (*livre docente*, por ejemplo). Tanto en el *Mestrado* como en el Doctorado, los integrantes del tribunal no pueden pertenecer al mismo programa de posgrado: en el primer caso, al menos uno de los profesores titulares y en el segundo al menos dos, deben estar vinculados a otros programas. Además, también hay que tener en cuenta que la mayoría de las instituciones no permite que integren los tribunales profesores que tengan relación de parentesco hasta el tercer grado con el candidato o con el director de tesis.

En general, hay que entregar entre seis y nueve ejemplares completos de la tesis en el Sector de Posgrado dentro del plazo reglamentario. Como esos ejemplares se destinan a la lectura previa por parte de los miembros que compondrán el tribunal, no se puede hacer cambios de ningún tipo en el texto con posterioridad a su entrega. Algunas instituciones permiten que se incorporen las sugerencias indicadas por el tribunal en la versión final, destinada a la biblioteca de la universidad, con posterioridad a la defensa, pero esta práctica no es común a todos los programas. Además, algunos programas determinan el tipo de encuadernación que se debe hacer. Actualmente, muchas instituciones públicas exigen que se entregue también una versión en medio electrónico (*Cd-Rom*) con el propósito de dejarla disponible en Internet.

En la mayoría de las instituciones el candidato tiene la opción de hacer una presentación de su trabajo antes de que el tribunal empiece su intervención. Si el candidato desea realizar esa exposición previa, que no puede sobrepasar los veinte o los treinta minutos, según la institución, debe contar con el visto bueno de su director de tesis.

Durante la defensa, a ejemplo de lo que ocurre en el examen intermedio, cada miembro del tribunal dispone de media hora para hacer su intervención, que incluye comentarios, críticas, sugerencias, preguntas y el candidato dispone de igual tiempo para comentar y responder a cada uno de los profesores examinadores.

Tal y como ocurre en el examen intermedio, la forma de participación puede variar: cada examinador puede optar por hacer todos sus comentarios primero y solicitar que el candidato dé sus respuestas cuando termine su intervención, o bien optar por la modalidad de diálogo, situación en la que a cada comentario o pregunta el candidato ya emite su respuesta.

El director de tesis no suele intervenir a lo largo del examen o se restringe a unas pocas intervenciones cuando lo considera imprescindible. En el caso del Doctorado suele haber un intervalo de veinte minutos después de la intervención de los dos primeros examinadores.

Si el candidato lo desea, puede pedirle autorización al tribunal para grabar en audio todas las intervenciones que ocurran durante el examen y cada tribunal tiene autonomía para autorizarlo o no.

El resultado – aprobado o no – se le da a conocer al candidato inmediatamente después de la celebración de una reunión privada de los miembros titulares del tribunal, al final de la defensa. Actualmente, muchas instituciones no atribuyen nota al trabajo final y el resultado se consigna exclusivamente por la mención "Aprobado" o "No Aprobado". Los trabajos considerados de alto nivel por el tribunal pueden llevar la mención *com Distinção* o *com Distinção e Louvor*, según se considere que poseen méritos para una u otra calificación. Además, en el Acta del examen, el tribunal puede expresar los méritos del trabajo y de la capacidad intelectual del candidato así como presentar sugerencias (de publicación, por ejemplo).

I.4. Convalidaciones

Los estudiantes que realizan estudios de posgrado en universidades extranjeras necesitan convalidarlos para que tengan validez oficial en Brasil. Son dos las situaciones más frecuentes y que comentamos a continuación.

I.4.1. Asignaturas cursadas en el exterior

El candidato que se vincula a un programa de posgrado brasileño y que ya ha cursado alguna asignatura en una institución extranjera puede solicitar su convalidación en Brasil. Para esto, hay que cumplir algunas condiciones:

- el curso de posgrado extranjero debe estar reconocido oficialmente en Brasil
- la asignatura a convalidar debe relacionarse directamente con el tema de investigación
- el director de tesis debe manifestarse favorablemente a la petición
- atender a otras exigencias propias del programa de posgrado brasileño (época de realización, número de horas de clase, entrega de copia del programa oficial de la asignatura traducido al portugués por traductor público jurado, etc.)

Como la tramitación suele llevar mucho tiempo, raramente se recurre a la convalidación de asignaturas.

I.4.2. Títulos obtenidos en el exterior

La convalidación de títulos obtenidos en universidades extranjeras supone una serie de trámites burocráticos complejos y, normalmente, lentos que se han de gestionar en el Servicio de Convalidación de Títulos de una universidad pública brasileña que posea un programa reconocido equivalente al que se pretende convalidar.

Lo primero que debe hacer el interesado es certificarse de que tanto la universidad extranjera como el programa de posgrado del cual participó estén reconocidos oficialmente en Brasil. Atendida esta exigencia inicial, se deberá adjuntar un ejemplar de la tesis original así como fotocopias de diversos documentos (personales y académicos), estas debidamente legalizadas y traducidas al portugués por traductor público jurado. El Servicio de Convalidación de Títulos de la universidad brasileña es el organismo competente para informar sobre los documentos necesarios, procedimientos y plazo aproximado para que se otorgue o no la convalidación.

II - Cómo elegir el tema de una investigación

Investigar es una actividad que exige dedicación, empeño, perseverancia, compromiso, disciplina y con la cual nos involucramos durante un largo período de tiempo. Sin duda, es una tarea ardua, pero las compensaciones que tenemos al ver los resultados, merecen la pena.

Precisamente por todo lo que tenemos que poner de nuestra parte para realizarla es fundamental que el tema de la investigación sea de interés y de utilidad en el plan académico, profesional y personal.

Sin embargo, cuando uno empieza a pensar en vincularse a un programa de investigación, sea de *Iniciação Científica* o de Posgrado, una de las primeras dificultades que hay que superar es precisamente la definición del asunto a estudiar: ¿qué tema elegir?

A partir de esa pregunta inicial, varias otras se presentan, también enlazadas, y las respuestas no son nada evidentes: ¿cómo se elige un tema de investigación? ¿Cuál es la utilidad de un determinado tema? ¿Qué aspectos son los más relevantes de un determinado asunto? ¿Qué resultados se espera obtener al investigar específicamente sobre un tema? ¿Vale la pena investigar sobre un determinado tema? ¿Para qué servirán y a quién (o a quiénes) interesarán los resultados de la investigación?

Como es de suponer, no existen fórmulas fijas y definitivas que nos conduzcan hacia las respuestas más adecuadas, pero algunas reflexiones pueden ayudarnos a recorrer el camino que nos lleva a establecer el tema de una investigación.

Y como ese camino presenta múltiples posibilidades y exige, a la vez, la toma constante de decisiones, conviene que a medida que uno se hace preguntas como las indicadas, cuando se leen textos preliminares, cuando se obtiene una opinión o sugerencia, etc., se tome nota de todo. Una serie de apuntes con ideas, referencias bibliográficas, propuestas, reflexiones, puede ser muy útil incluso después de iniciada la investigación.

En los apartados siguientes tratamos de indicar algunos puntos importantes que hay que considerar en el momento de elegir un tema.

II.1. Los campos del conocimiento

Cuando pensamos en investigaciones en (o sobre el) español – así como sobre cualquier otro idioma – las posibilidades son múltiples. Estudiantes e incluso investigadores con experiencia se ven frente a tan variadas opciones que resulta muy difícil determinar un área específica o un único tema al cual dedicar su trabajo y su tiempo.

Sin embargo, antes de fijar el asunto al cual se va a dedicar la atención – puesto que ese aspecto es quizá el más complejo de establecer -, conviene decidir hacia cuál campo del conocimiento se vuelcan los mayores y principales intereses, necesidades y preferencias. De esta forma, al pensar desde la perspectiva académica, profesional y personal, la gran área (español) empieza a reducirse, de forma a que la toma de decisión resulte menos complicada. Y es de fundamental importancia restringir el campo de investigación, ya que es imposible estudiar todo sobre todo.

A continuación, relacionamos las diversas posibilidades que ofrece el área.

II.1.1. Literaturas

Las investigaciones en el campo de las literaturas – española e hispanoamericanas – son, quizás, a las que más investigadores se han dedicado en Brasil. Eso se debe a varias razones, entre ellas, los mismos intereses académicos y personales de los profesionales y la existencia, desde hace más tiempo, de programas de posgrado en ese campo.

Aunque gran parte de los estudios enfocan cuestiones teóricas y de análisis de obras literarias, otra posibilidad de investigación se relaciona a la enseñanza de la literatura, aspecto menos considerado hasta estos momentos. Así, podríamos situar tres grandes bloques de investigación: literatura española, literaturas hispanoamericanas y enseñanza de la literatura.

a. Literatura española

En el ámbito de la literatura española es posible dedicarse a una obra, a un autor, a una época, a un movimiento, a la teoría literaria, al lenguaje específico de una obra, autor o época, a cuestiones sociales, históricas o políticas, a la literatura comparada, a géneros literarios, etc. Sea cual sea la elección, los estudios enfocarán cuestiones teóricas, el análisis y/o la crítica literaria, por ejemplo.

Tanto en los trabajos de grado como en los de posgrado, el estudiante que opta por centrar sus reflexiones en la literatura española encuentra respaldo teórico y profesionales capacitados para dirigir sus estudios. La bibliografía, disponible en bibliotecas nacionales e internacionales y también en páginas de Internet, es abundante. Claro que se encontrarán con más facilidad obras relacionadas a determinado autor o movimiento, pero el acceso a esos materiales de apoyo no resulta demasiado complicado en general.

b. Literaturas hispanoamericanas

A ejemplo de lo que ocurre con la literatura española, el abanico de opciones se abre cuando se piensa en las literaturas hispanoamericanas, ya que aquí se trata de una variedad mucho mayor de autores, de obras y de movimientos, puesto que no se hace referencia a un único país, sino a varios. De esta forma, el estudiante tiene que optar, además, por un país o por aspectos que le permitan establecer comparaciones o contrastes entre dos o más países.

También en el área de las literaturas hispanoamericanas existen programas de posgrado que cuentan con la participación de especialistas desde hace mucho tiempo y la bibliografía tampoco suele ser de difícil acceso.

c. Enseñanza de literaturas

En este ámbito existen muy pocos trabajos en Brasil, puesto que el foco prioritario de la enseñanza ha sido el idioma, y no sus literaturas. La literatura está en el centro de la atención en los cursos universitarios de *Letras* y no en los demás cursos (de la Educación Básica o de las academias de idiomas), de ahí que haya recibido siempre menos atención.

Sin embargo, si pensamos en la inclusión de clases de español en los niveles anteriores al superior, la enseñanza de las literaturas puede adquirir una relevancia significativa.

Precisamente por haber suscitado siempre menor interés, no se puede afirmar que existan especialistas en esta área. Sin embargo, en principio, cualquier profesional del campo de las literaturas posee condiciones de dirigir trabajos de grado o de posgrado sobre su enseñanza. Y pese a que las referencias bibliográficas puedan ser escasas, no hay duda de que las investigaciones con este enfoque constituyen una contribución de gran valor.

II.1.2. Traducción

Otra opción que tienen los investigadores es la traducción.

Como se sabe, son pocos los cursos de graduación o de posgrado *lato sensu* dedicados a esta área y no existen cursos que formen traductores jurados[7]. Paralelamente, hay una demanda creciente de traductores: empresas y particulares necesitan traducir documentos y textos de todo tipo y no siempre el resultado es el esperado puesto que hay muchas inadecuaciones o incluso incorrecciones en gran parte de las traducciones. Por lo tanto, un camino para especializarse es la

---

[7] Para ser traductor público hay que aprobar oposiciones oficiales, y no es frecuente su realización.

investigación, con sus varias vertientes: la traducción literaria, la traducción técnica, la traducción más general (documentos no oficiales, folletos, publicidad, textos académicos, etc.) o la teoría de la traducción, por ejemplo.

Tampoco abundan los especialistas en el ámbito de la traducción, pero hay profesionales capacitados para dirigir investigaciones sobre el asunto, tanto en el área de las literaturas como de la lengua española.

II.1.3. Lengua

En el ámbito de la lengua española, al igual que en los anteriores, las posibilidades son múltiples. El investigador puede dedicarse a la gramática, a la pragmática, a la producción oral o escrita, a la comprensión oral o escrita, a la fonética y fonología, al léxico, a la lexicografía, a la historia de la lengua, a las variantes lingüísticas, a los registros lingüísticos, a las interferencias lingüísticas, a los estudios contrastivos, etc. Como es imposible dedicarse a todos esos aspectos a la vez, el estudiante debe elegir uno entre ellos, según sus intereses, necesidades o afinidades académicas, profesionales o personales.

Según el área, la bibliografía será más o menos abundante y su acceso relativamente fácil. Los trabajos de investigación pueden llevarse a cabo dentro de un programa de posgrado en lengua española o en lingüística y existen muchos especialistas capacitados para dirigirlos.

II.1.4. Didáctica de E/LE

En esta área también se multiplican las opciones de los investigadores, pues se pueden realizar trabajos direccionados más a la teoría o estudios que vinculen teoría y práctica.

Aunque según la institución cada tipo de investigación se incluye en un programa de posgrado específico, optamos por reunir en este apartado las diferentes posibilidades de estudio, sin la preocupación de relacionarlos con un área académica determinada (lengua española, literaturas, educación, lingüística aplicada...). Así, los principales trabajos volcados hacia la Didáctica pueden situarse entre los mencionados a continuación.

a. Enseñanza de E/LE

Los trabajos relacionados en el apartado dedicado a la Lengua (II.1.3) pueden también incluirse aquí, siempre y cuando se dedique atención a su enseñanza. No se trata, por lo tanto, de realizar un trabajo puramente descriptivo o analítico, sino de incluir la reflexión, discusión y propuestas para la práctica docente. En este caso, la perspectiva será el profesor, el sistema educativo, problemas, dificultades y soluciones centradas en la enseñanza del idioma; es decir, el centro de la atención es la formación docente.

b. Aprendizaje de E/LE

La diferencia entre el apartado anterior y este estriba en que el foco de la investigación ahora es el alumno: sus facilidades y dificultades, el cómo se aprende un idioma, qué papel juega el estudiante en su proceso de aprendizaje, son algunas de las posibilidades de estudio.

Como no siempre resulta fácil investigar por separado lo que atañe al profesor y lo que se relaciona exclusivamente al alumno, es frecuente que las investigaciones abarquen los dos lados a la vez y traten simultáneamente del proceso de enseñanza y aprendizaje de idiomas.

c. Métodos, recursos y estrategias didácticas

Preocupados con la actuación docente y con los resultados del aprendizaje, muchos investigadores se decantan por los medios disponibles en el campo de la enseñanza. De ahí que se dediquen a estudiar los métodos y abordajes de la enseñanza de idiomas, los recursos (libros de texto, manuales, libros de apoyo, materiales de apoyo como vídeos, material en audio, nuevas tecnologías, etc.) o las estrategias de enseñanza (tipología de las actividades didácticas, modalidades de trabajo en clase, etc.). Las preguntas clave son: ¿cómo el curso puede ser más eficaz? y ¿cómo los alumnos obtendrán mejores resultados? De esta forma, el centro de la atención no es qué enseñar, sino cómo enseñar.

d. Adquisición y aprendizaje de idiomas

Aquí se podrían agrupar las investigaciones relacionadas tanto a las diferentes teorías sobre adquisición y aprendizaje de idiomas como las vinculadas a los varios factores que intervienen en el proceso, como puedan ser las relaciones entre profesor y alumnos, la motivación, los estilos y estrategias de aprendizaje, proximidad o distancia entre los idiomas (cuestiones relacionadas a la construcción de la interlengua y a las interferencias lingüísticas, por ejemplo), mayor o menor aceptación de la(s) cultura(s) de la lengua extranjera, creencias sobre la lengua extranjera y sobre cómo se aprende o se enseña otro idioma, aspectos referentes al bilingüismo, etc.

e. Evaluación

Otro aspecto por el cual se puede inclinar un investigador es la evaluación, sea del aprendizaje, sea de la enseñanza. Así, es posible realizar estudios sobre qué, cómo y cuándo evaluar, objetivos y tipos de evaluación, evaluación oral y/o evaluación escrita, importancia de las evaluaciones, etc. En este caso el foco es el alumno.

Por otra parte, también existe la posibilidad de direccionar la atención hacia el profesor e investigar su labor docente: cómo se prepara, cómo actúa, cómo se autoevalúa, etc.

f. Sistema educativo, legislación y documentos oficiales

Los trabajos que analizan o discuten aspectos del sistema educativo, de la legislación, de la política educacional y lingüística, de la formación de profesores o de los proyectos pedagógicos, por ejemplo, también tienen cabida en el ámbito de la lengua española y empiezan a ganar fuerza en Brasil. Aunque todavía se encuentren en una fase inicial, son estudios de gran importancia, tanto desde el punto de vista teórico como práctico.

II.1.5. Aspectos socioculturales

Los aspectos socioculturales también constituyen un área de investigación que ofrece distintas posibilidades, estén relacionadas a la lengua, a las literaturas, a la traducción o a la didáctica.

Así, es posible investigar sobre las concepciones y creencias de profesores y alumnos, sobre dificultades que se encuentran a la hora de transponer elementos culturales de un idioma a otro, sobre cuestiones relacionadas a la enseñanza de la cultura (o culturas), presentes en el lenguaje del día a día o en el literario, por ejemplo. Además, se puede preferir estudiar el asunto desde una perspectiva más teórica, es decir, dentro del ámbito de lo que se ha dado a conocer por competencia comunicativa y de la cual el componente sociocultural forma parte.

II.1.6. Enseñanza de portugués a hispanohablantes

En este caso se trata de pensar en todas las posibilidades mencionadas hasta ahora, pero desde el punto de vista contrario: el foco pasa a ser el extranjero, hablante de español, el sujeto que aprende el portugués.

Esta área, poco investigada hasta el momento, presenta muchísimas posibilidades de estudios y las carencias en ese ámbito son grandes.

Así, todos los temas indicados en los apartados anteriores podrían, teórica e inicialmente, incluirse aquí bastando, para ello, tomar como foco el portugués.

II.2. El tema de estudio

Una vez definido lo que aquí hemos denominado "campos del conocimiento", hay que determinar el área sobre la cual se desea investigar. Por lo tanto, no es suficiente optar, por ejemplo, por la literatura española; ese es solamente el primer paso. Es fundamental, a seguir, establecer qué área (autor, género, época, etc.) de la literatura española merecerá la atención del investigador. Aclarar algunos aspectos de las diferentes áreas es el foco de los apartados siguientes.

II.2.1. Las áreas de estudio

Como ya hemos dejado registrado en los diversos apartados del punto II.1., cada campo del conocimiento posee distintas áreas que pueden y merecen estudiarse. Es cierto que algunas, según el enfoque que se les dé, se interrelacionan en mayor o menor medida, pero el investigador debe tratar de restringir todo lo posible el área sobre la cual pretende centrar sus estudios. Así, por ejemplo, a alguien le puede interesar más el campo de la lengua y, dentro de este, la gramática. Otro investigador puede inclinarse por el campo de la didáctica de la lengua y por la cuestión de las nuevas tecnologías aplicadas a la enseñanza del idioma. Es decir, se define el campo del conocimiento y, a continuación, el área de mayor interés.

Para elegir uno y otro (campo y área) el investigador tiene varios caminos, por ejemplo, hacerse preguntas como las siguientes:

- Lo que pretendo investigar ¿es significativo, tanto desde una perspectiva personal y/o académica como para la comunidad científica y para el área?
- ¿Qué contribuciones la investigación ofrecerá a la sociedad y al área?
- ¿Qué campo / área es más útil para mi vida profesional?
- ¿Qué campo / área ofrecerá más contribuciones a mi vida académica?
- ¿Qué campo / área se relaciona más directamente con mis objetivos profesionales?
- ¿Qué campo / área me interesa más desde una perspectiva personal?
- ¿Qué campo / área ha sido menos investigado? ¿Y más investigado?
- ¿Sobre qué campo / área poseo menos conocimientos? ¿Y más conocimientos?
- ¿En qué campo / área tengo más facilidades? ¿Y más dificultades?
- ¿Sobre qué campo / área poseo más material bibliográfico o mayor acceso a bibliografía? ¿Y menos material o menor acceso?
- ¿Poseo los conocimientos específicos imprescindibles para dedicarme a un determinado campo / área (por ejemplo, dominio de otras lenguas extranjeras, de recursos informáticos, etc.)?

Esas y otras preguntas semejantes ayudan a establecer cuál o cuáles pueden ser los caminos generales del trabajo de investigación, puesto que reducen un poco las múltiples posibilidades y llevan a que se empiece a restringir el tema.

En todo caso, siempre será una decisión personal; de ahí que en esta etapa no sea de mucho provecho el pedir la opinión de especialistas o compañeros. Además, hay que tener presente que cada uno tiene sus preferencias e intereses, con lo cual una opinión ajena, en estos momentos, puede llevar a una decisión que, más tarde, corre el riesgo de mostrarse inadecuada porque no satisface nuestros propósitos.

II.2.2. Las subáreas de estudio

Definidos el campo y el área de mayor interés en dado momento, hay que determinar qué se pretende estudiar a fondo. Por razones exclusivamente de claridad, aquí lo denominamos subárea de estudio.

Volvamos al ejemplo anterior de alguien que ha hecho las siguientes elecciones:

- campo del conocimiento: lengua
- área de estudio: gramática

Esa persona, ahora, debe elegir a qué aspecto de la gramática pretende dedicarse. Algunas posibilidades son: la gramática histórica, la gramática normativa, la gramática descriptiva, la gramática de uso, la gramática pedagógica, la gramática contrastiva... Además, hay otros caminos, como las categorías gramaticales, la gramática de la lengua escrita, la gramática de la lengua oral, las interferencias gramaticales del portugués sobre el español, etc.

Ya una persona que haya optado por:

- campo del conocimiento: didáctica
- área de estudio: enseñanza de la lengua

También puede tener interés específico por la gramática. En tal caso, además de las opciones anteriores, puede inclinarse hacia la enseñanza de la gramática, lugar y función de la gramática en un curso de idiomas, la enseñanza de determinado punto gramatical, etc.

Como se ve, hay una infinidad de aspectos que permiten llevar a cabo las más distintas investigaciones.

Considerando que hemos ofrecido solo dos ejemplos, hay que tener presente que esa variedad de opciones de subáreas se encuentra en todos los campos del conocimiento y áreas de estudio.

Para decidirse por una de ellas, un camino eficaz también es el hacerse preguntas semejantes a las indicadas en el apartado II.2.1.:

- ¿Qué subárea es más útil para mi vida profesional?
- ¿Qué subárea ofrecerá más contribuciones a mi vida académica?
- ¿Qué subárea se relaciona más directamente con mis objetivos profesionales?

- ¿Qué subárea me interesa más desde una perspectiva personal?
- ¿Qué subárea ha sido menos investigada? ¿Y más investigada?
- ¿Sobre qué subárea poseo menos conocimientos? ¿Y más conocimientos?
- ¿En qué subárea tengo más facilidades? ¿Y más dificultades?
- ¿Sobre qué subárea poseo más material bibliográfico o mayor acceso a bibliografía? ¿Y menos material o menor acceso?
- ¿Poseo los conocimientos específicos imprescindibles para dedicarme a una determinada subárea (por ejemplo, dominio de otras lenguas extranjeras, de recursos informáticos, etc.)?

No siempre resulta fácil dar respuestas a preguntas como las anteriores y es incluso natural que en esta fase el investigador no haya logrado decidirse por una única subárea. Es el momento, entonces, de entrar en contacto más directo con lo que ya existe: libros, tesis, artículos, etc. Una búsqueda en diferentes bibliotecas y/o en Internet permite tener una visión general de lo que ya se ha estudiado en la subárea a la que uno pretende vincularse. La lectura de diferentes trabajos seguramente le ofrecerá al futuro investigador una visión sobre lo que ya se ha investigado y lo que queda por investigar; le dará pistas sobre la amplitud o restricción de la subárea y le permitirá conocerla más a fondo de forma a que tenga más elementos para optar o no por ella.

Realizadas algunas lecturas, como señalado y, por lo tanto, cuando ya se posee un poco más de información sobre determinada subárea, si todavía no se ha logrado una definición total puede ser útil cambiar opinión con otros profesionales.

Digamos que una persona está indecisa entre dos subáreas relacionadas al campo de la didáctica y al área de adquisición/aprendizaje de idiomas, como puedan ser, por ejemplo, las subáreas vinculadas a las interferencias lingüísticas y la otra a los factores afectivos, emocionales y psicológicos que intervienen en el proceso de aprendizaje de un idioma. Esa persona ya ha leído varios textos sobre los dos asuntos, ha encontrado aspectos que merecen la pena ser investigados, ambos le interesan profesional y personalmente. En esa situación, si no logra decidirse, una conversación con otros investigadores puede ser útil. Sin embargo, no se debe esperar que sea la otra persona la que le indique por cuál debe decidirse: la elección nunca ha de estar en manos de otros, ya que quien va a llevar a cabo la investigación es uno mismo. De ahí que también debe estar muy claro el objetivo de tal expediente: el intercambio y la ampliación de información que uno ya posee, con el propósito de disponer de más elementos para la toma de una decisión.

II.2.3. El tema de la investigación

Definidos el campo, el área y la subárea, llega el momento de establecer el tema de la investigación.

Las reflexiones personales, las lecturas realizadas, la información recogida serán auxiliares importantes para definir a qué asunto se dedicará uno durante los siguientes dos, tres o cuatro años. Se trata, pues, de perfilar el tema.

De nuevo, recurrimos a un ejemplo. En esta ocasión pongamos por caso la siguiente situación:

- campo del conocimiento: didáctica
- área de estudio: métodos, recursos y estrategias didácticas
- subárea: materiales didácticos

Como investigar sobre materiales didácticos es algo muy amplio, una vez más hay que restringir. Para ello, es esencial definir qué se quiere estudiar sobre los materiales: ¿su elaboración? ¿Su utilidad? ¿Las bases teóricas presentes en ellos? ¿La adecuación para determinado nivel/situación de enseñanza? ¿Sus funciones? ¿Los tipos de materiales existentes? ¿Se pretende analizarlos y evaluarlos? ¿Se pretende elaborar un material didáctico determinado? ¿Sobre cuál tipo de material se investigará (libros de texto, recursos audiovisuales, recursos informáticos...)? Etc., etc.

En estos momentos, si no se dedica la suficiente atención a preguntas como las anteriores, se corre el riesgo de elegir un tema demasiado amplio o que no aporte ningún avance o contribución científica significativa. Por eso, el paso siguiente es hacerse nuevas preguntas.

Supongamos que la decisión inicial sea realizar un análisis y evaluación de los libros de texto destinados a estudiantes adolescentes de nivel intermedio. Lo que debe tratar de responder el futuro investigador son preguntas como: ¿qué pretendo descubrir con el análisis? ¿Para qué me servirá – y a quiénes servirá – ese análisis y evaluación? ¿Cuál es la contribución, para el campo de la didáctica, de ese análisis y evaluación? ¿Cuáles son mis hipótesis de investigación? ¿Qué consecuencias puede tener la comprobación de tales hipótesis? ¿Y la no comprobación de ellas? ¿Ese tema es el más importante/de interés en estos momentos o existen otros que también me atraen? En definitiva, ¿por qué pretendo dedicar dos, tres o cuatro años de mi vida académica al análisis y evaluación de materiales?

Otra vez estamos frente a varias preguntas que no siempre son fáciles de responder. Algunas hacen referencia a cuestiones muy personales y, por lo tanto, deben ser motivo de reflexión individual. Para encontrar respuestas a otras es posible, sin embargo, contar con la colaboración de especialistas. De nuevo se trata, en este caso, de intercambiar y ampliar información, no de pretender que la decisión la tome un tercero.

Una vez se haya decidido el campo del conocimiento, el área, la subárea y el tema, es hora de definir el tipo de investigación que se realizará. A eso dedicamos el próximo capítulo.

III - Tipos de investigación e instrumentos de recolección de datos

Los trabajos de investigación, en función de sus objetivos, poseen características propias y utilizan instrumentos diferentes para recopilar los datos que se analizarán. Por lo tanto, el investigador debe tener claro que la metodología de trabajo se definirá a partir de las metas que se pretendan alcanzar, así como de las preguntas de investigación que se hayan planteado y de las hipótesis formuladas. No existe, pues, una forma específica que sirva a todos y a cada uno de los estudios: según lo que se pretenda, se establecerá la manera más adecuada para obtener los datos y analizarlos.

A la hora de elaborar el plan de investigación no siempre el estudiante tiene condiciones de definir con exactitud la metodología que utilizará. Aunque los procedimientos normalmente se establecen de común acuerdo con el director de investigación, según los aspectos que se pretende conocer y analizar y según los medios y recursos disponibles, es importante que en el proyecto ya se indiquen algunos de los eventuales caminos que se seguirán. Eso revela que el candidato no solo conoce las posibilidades que le abre su investigación, sino las diferentes formas de tratar las informaciones obtenidas.

En este capítulo nos dedicamos a incluir unas breves aclaraciones sobre los tipos de investigación y las distintas formas disponibles para recoger los datos necesarios.

III.1. Tipos de investigación

Los tipos de investigación posibles son muy variados[8], según el área de investigación, el objeto de estudio y los instrumentos que se utilicen para llevarla a cabo. Sin embargo, los más comunes en el área específica de las lenguas extranjeras son cinco. Entre las posibilidades más frecuentes encontramos la investigación cualitativa y la investigación cuantitativa. Además, según los propósitos que se tengan en mente, ambas modalidades se pueden combinar, resultando en estudios cualitativos y cuantitativos a la vez. Existe, también, la modalidad de investigación-acción y la investigación colaborativa. En este apartado trataremos de dar algunas breves indicaciones sobre cada una de ellas.

III.1.1. Estudios cualitativos

Este tipo de trabajo, como su nombre lo indica, establece como prioridad el análisis de las informaciones desde una perspectiva cualitativa; por lo tanto, lo más relevante no es la cantidad de datos que se posee, sino su calidad y la forma cómo se analizarán. De ahí que los procedimientos para la obtención de las informaciones y de análisis sean de fundamental importancia.

Claro que este tipo de investigación no permitirá, desde una perspectiva científica, proponer generalizaciones

---

[8] Como ejemplos de la variedad de clasificación, mencionamos la investigación experimental, la social, la histórica, la teórica, la descriptiva, la explicativa, el estudio de campo, el estudio de caso, entre muchas otras.

aplicables a otras situaciones: los datos, en general, se refieren a una realidad y situación determinadas y, por lo tanto, restringida. Sin embargo, es muy fiable si se considera a partir de la calidad de la información y del análisis realizado.

Se incluyen en esta clase de trabajo los "estudios de caso", cada vez más comunes en las áreas de educación y lingüística aplicada: son investigaciones que se hacen más a fondo sobre un determinado punto de observación, sea una institución, una persona, un sistema de enseñanza, etc. Ese tipo de estudio retrata una situación, con el propósito de describirla y comprenderla en su plenitud.

III.1.2. Estudios cuantitativos

Este tipo de trabajo toma como base la cantidad de información recogida y, a partir de ella, se determinan los procedimientos de análisis de los datos que suponen, en general, su tratamiento estadístico, bien a partir de cálculos matemáticos más sencillos (como el de porcentajes), bien a partir de análisis más específicos (como el de X^2, por ejemplo[9]).

Los estudios cuantitativos, además de que permiten generalizar los resultados a otras situaciones, también pueden ser útiles cuando se trata de establecer probabilidades de ocurrencia de un hecho o fenómeno.

---

[9] Test del "Qui cuadrado". Para información sobre este y otros tipos de procedimientos científicos de análisis de datos, se recomienda consultar estudios específicos disponibles especialmente en el área de Estadística.

No se puede fijar anticipadamente la cantidad mínima necesaria de información para realizar este tipo de análisis, ya que cada investigación, en función de sus objetivos, será la que determine el número imprescindible de cuestionarios, entrevistas, encuestas o sujetos que proveerán los datos fundamentales al trabajo propuesto.

III.1.3. Estudios cualitativos y cuantitativos

Algunas investigaciones tratan de aunar los dos tipos de estudios anteriores. Así, a la vez que se cuenta con una cantidad considerable de información, se realiza un análisis detallado sobre la calidad de esos datos. En tales casos estamos frente a investigaciones que además de dedicarse al tratamiento estadístico, se ocupan de la calidad de los datos recogidos y de interpretar los índices matemáticos y/o estadísticos obtenidos.

Este tipo de estudio permite no solo analizar una determinada realidad, sino que también ofrece bases fiables para generalizar las conclusiones a las que el investigador ha llegado.

III.1.4. Investigación-acción

Si en las modalidades anteriores el investigador se sitúa en el plan del observador externo e independiente, en esta él es también sujeto de la misma investigación. De esta forma, él observa una realidad determinada y actúa sobre ella, con el propósito de averiguar si sus hipótesis se confirman o no. Ello supone una intervención directa del investigador sobre el objeto investigado. En términos prácticos, se observa, se interviene y se analizan los resultados a partir de acciones llevadas a cabo por la misma persona.

La opción por esta modalidad exige, principalmente, una postura muy científica, ya que los resultados de los análisis – sean favorables o no – afectan directamente al investigador.

III.1.5. Investigación colaborativa

Al optar por esta modalidad el investigador no desea intervenir directamente sobre una realidad, sino que lo hace de manera indirecta, a través de un sujeto que previamente ha accedido a someterse a un trabajo conjunto. Así, el investigador, una vez que haya establecido los propósitos de su estudio, cuenta con un sujeto ajeno a su trabajo que desempeñará un papel activo. De un lado, el investigador trabajará en conjunto y en colaboración con esa persona – el profesor cuyas clases serán analizadas, por ejemplo. En reuniones particulares se discutirán problemas que el profesor enfrenta en su labor, dificultades con el grupo, etc. Es posible – y quizá imprescindible – que el investigador, en un segundo momento, observe clases de ese profesor para que, a seguir, los dos discutan los aspectos más relevantes de las clases observadas a la luz de las premisas planteadas en el estudio del investigador. En ese momento, será este quien sugiera caminos para solucionar o reducir las dificultades que se hayan constatado para que, posteriormente, ambos vuelvan a discutir los resultados que se hayan obtenido. Por fin, el investigador tratará de analizar y matizar todos esos aspectos en su estudio y procurará extraer de ellos conclusiones cualitativas.

III.2. Obtención de datos

Cada tipo de investigación, en función de los objetivos planteados, requerirá una modalidad de datos determinada y para cada una de ellas existen formas propias de recopilación. A continuación, se relacionan las más frecuentes.

III.2.1. Investigación bibliográfica

Se trata de averiguar qué ha sido estudiado ya sobre el tema en pauta y de hacer una recolección de las principales teorías o principios relacionados al asunto. Esta forma de obtención de datos es muy útil cuando se quiere tener un panorama general sobre un fenómeno determinado o cuando se desea reunir estudios que pueden estar más o menos dispersos. Además, es de fundamental importancia para cualquier tipo de investigación, ya que una de las primeras cosas que debe hacer el investigador es tomar conocimiento sobre el estado del fenómeno al que se pretende dedicar: cómo y cuándo surgió, avances, dificultades, logros, consecuencias, aspectos pendientes de estudio, etc.

III.2.2. Investigación de campo

El investigador también puede optar por obtener las informaciones que necesita a partir de una investigación de campo. En tal caso, el análisis de los datos recogidos puede hacerse a la luz de la teoría elegida como base para el trabajo. Si se considera más adecuado, es posible actuar de manera inversa, es decir, a partir de una determinada teoría que fundamenta el estudio, el investigador trata de recoger datos que la expliquen, amplíen o la rechacen, parcial o totalmente. Cualquiera de las situaciones exigirá que se elija el instrumento más adecuado con base en lo que se pretende observar y analizar.

Esta modalidad, muy utilizada e incluso necesaria, suele exigir algunos cuidados especiales por parte del investigador, ya que la obtención de datos no depende solo de él, sino también de terceros. Algunos procedimientos usuales e imprescindibles deben realizarse con anterioridad, como puedan ser:

- presentar una solicitud formal, escrita, para realizar la investigación en la institución elegida;
- obtener la correspondiente autorización formal. Si se trata de un colegio, por ejemplo, tras contar con la autorización de la dirección o autoridad responsable, se debe obtener la autorización formal también del profesor (o profesores) con los cuales se pretende desarrollar el estudio. Además, si se pretende realizar investigaciones con estudiantes, igualmente hay que

solicitarles autorización (en ocasiones, el director de la institución facilita una autorización común y general). Si se tratara de alumnos menores de 18 años, es fundamental que los padres o responsables legales expresen su conformidad;

- establecer un cronograma detallado de observación de clases, entrevistas, realización de encuestas, etc. y darlo a conocer a los implicados;
- comprometerse formalmente a no divulgar los datos de identificación referentes a la institución de acogida y/o a los sujetos que participan de la investigación;
- comprometerse formalmente a no usar los datos obtenidos para fines distintos de los establecidos en la investigación académica;
- garantizar que a cualquier tiempo los sujetos puedan retirarse de la investigación sin cualquier tipo de perjuicio personal;
- asegurar que no habrá ningún tipo de cobro ni de pago por la participación de la institución y de los sujetos en la investigación;
- disponerse a facilitar los resultados de la investigación a los implicados, si lo desean;
- obtener las autorizaciones correspondientes para la realización de grabaciones en audio o video y de fotos, sea de personas, sea de espacios físicos.

Una vez formalizados todos los trámites, el investigador debe tratar de explicar a los implicados, en detalle, en qué consiste la investigación, cuál será la forma de participación de la institución y de los sujetos y qué se pretende analizar. Si se considera que el hecho de facilitar ciertos detalles puede comprometer los datos necesarios, el investigador debe tratar de encontrar formas de exponer cuál es su objeto de investigación sin faltar a la verdad y sin poner en riesgo la fidelidad de las informaciones que necesita recoger.

Una cuestión de la mayor importancia a considerar siempre que se opta por investigaciones de campo es la demora que pueden suponer para su realización. A veces los trámites burocráticos son demasiado lentos; en ocasiones los sujetos faltan a la entrevista o reunión previamente marcada; por veces los implicados no devuelven las encuestas o cuestionarios en el plazo convenido; con mucha frecuencia la devolución de tests o cuestionarios es muy reducida; es decir, hay una serie de factores que pueden perjudicar el trabajo de investigación. De ahí que sea fundamental contar con un margen de tiempo amplio para su realización o incluso disponer de un universo mayor de informantes que el estrictamente necesario.

III.3. Instrumentos de recolección de datos

Existen diferentes instrumentos de recolección de datos a disposición del investigador. En este apartado mencionamos algunos de los más frecuentes.

III.3.1. Observación de clases

Hay ocasiones en las que es indispensable observar cómo se desarrollan las clases de un determinado profesor, en una institución específica o para un dado nivel de alumnos puesto que a partir de lo que ocurre en la realidad el investigador podrá proceder al análisis, proponer intervenciones o discutir procedimientos didácticos, por ejemplo.

Cualquiera que sea el caso y el propósito de la observación, es fundamental disponer de un guión para tomar nota de los aspectos esenciales para el estudio. Así, por ejemplo, si lo que se desea es averiguar cuestiones relacionadas a la práctica lectora, en el guión podrán figurar apartados como:

- tiempo dedicado a la lectura
- frecuencia con que se proponen actividades de lectura
- actividades de prelectura, de lectura y de poslectura
- tipología y género textual
- origen de los textos
- objetivos de la lectura
- relación de la lectura con las demás habilidades y competencias
- papel de los alumnos y del profesor durante la lectura

El guión servirá, por lo tanto, a que siempre se tengan presentes los aspectos considerados fundamentales, independientemente de que otros aspectos secundarios se registren a lo largo del período de observación.

Sin embargo, ciertas investigaciones requieren más que los apuntes hechos por el investigador. En tales casos a la observación de clases puede sumarse el registro en audio y/o en video. Además de contar con las autorizaciones correspondientes para tal, hay que tener presente que los equipos de grabación auditiva y visual suelen provocar una cierta incomodidad, tanto en el profesor como en los alumnos, lo que puede distorsionar los datos observados. Para evitar ese tipo de interferencia, muchas veces se desprecian, en el análisis, los diez primeros minutos de grabación, cuando los participantes normalmente están un poco tensos o poco a gusto con la situación.

III.3.2. Entrevistas

Las entrevistas son otro recurso muy utilizado en las investigaciones científicas, pues permiten conocer opiniones, puntos de vista, creencias y formas de actuar de profesores y alumnos. Según los intereses específicos, se pueden registrar a partir de apuntes hechos por el investigador o por grabación en audio, y se pueden realizar de distintas formas, como se detalla en los apartados siguientes.

a. entrevistas guiadas

El investigador dispone de un guión con una secuencia de preguntas preestablecidas a las que el sujeto debe contestar. Este procedimiento garantiza que todos los entrevistados contestarán a las mismas preguntas y el análisis tendrá en cuenta las mismas cuestiones y aspectos. Sin embargo, se pierde una cierta espontaneidad de comentarios que muchos sujetos podrían hacer si no tuvieran la limitación impuesta por las preguntas.

b. entrevistas espontáneas

En esta modalidad el entrevistador no parte de un conjunto de preguntas, sino de situaciones-problema o de planteamientos amplios que le permiten al entrevistado hablar de forma más libre y espontánea, sin tantas restricciones temáticas o de tiempo. Si este tipo de entrevista permite obtener una cantidad mayor de información, también puede llevar a una cierta dispersión que impida o dificulte el posterior análisis de los datos.

III.3.3. Cuestionarios y tests

Otras formas de obtención de datos son los cuestionarios y tests, que tanto pueden contener preguntas abiertas como preguntas cerradas o de ambos tipos.

Cuando esos instrumentos contienen preguntas cerradas se adecuan más al análisis cuantitativo, puesto que la interpretación de los datos se debe pautar en los resultados estadísticos que se obtengan. Ya cuando se centran en preguntas abiertas permiten más fácilmente el análisis cualitativo, puesto que los sujetos expresan sus opiniones y puntos de vista. Sin embargo, en este caso, se hace más complejo el tratamiento de los datos, ya que diferentes sujetos podrán hacer comentarios muy distintos sobre un mismo asunto, lo cual no siempre permitirá que las respuestas se agrupen bajo un mismo concepto.

Es frecuente que al optar por cuestionarios y tests se incluyan preguntas abiertas y cerradas, de forma a que se puedan realizar estudios tanto cualitativos como cuantitativos.

Al elegir los cuestionarios y tests como instrumento de recolección de datos, el investigador debe tener presente que:

- solo un pequeño porcentaje de los documentos distribuidos se recibe cumplimentado, es decir, se debe contar con un número relativamente alto de participantes pues la devolución de los formularios suele rondar el 30% del total que se haya entregado;
- las instrucciones de cada pregunta así como las mismas preguntas deben estar formuladas de manera clara y con total corrección lingüística, para evitar dudas, interpretaciones equivocadas y para no inducir al error o a determinadas respuestas;
- la extensión debe tenerse en cuenta, pues la mayor parte de los sujetos se cansa si tiene que rellenar muchas páginas o escribir muchas líneas, y el cansancio puede llevar a distorsiones en las respuestas.

III.4. Cuidados especiales

Al realizar investigaciones con personas hay que estar atentos a una serie de cuidados. Muchas facultades y universidades disponen de un código de ética que debe seguirse en estos casos ya que los experimentos con seres humanos siempre son bastante delicados.

Así, además de atenerse a lo definido en el código de ética para investigaciones establecido por la universidad, también conviene tener presente que determinadas informaciones secundarias pueden ser útiles y necesarias, aunque no integren directamente la entrevista, el test o cuestionario. En ese sentido, se sugiere que el investigador elabore una ficha de caracterización de los sujetos, de forma a que disponga de algunos datos adicionales que pueden ser de interés a la hora de proceder al análisis. En esa ficha se consignarán preguntas relacionadas, por ejemplo, a la edad del sujeto, sexo, nacionalidad, grado de instrucción, profesión, idiomas que domina, etc. Teniendo en cuenta los objetivos de la investigación, se solicitarán más o menos datos y se dejará a criterio del sujeto la opción para indicar o no su nombre y el de la institución a la cual está vinculado.

De idéntica manera, en el trabajo de investigación (monografía, disertación o tesis), no se debe nunca identificar los sujetos ni la(s) institución(ones). Si hubiera que distinguirlos, o bien se les atribuyen nombres ficticios o un código específico, por ejemplo A1, A2,... A15 (= alumno 1, alumno 2,... alumno 15), P1, P2 (= profesor 1, profesor 2), I1, I2 (= institución 1, institución 2), etc. En cualquier caso, en el apartado "Caracterización de los Sujetos", que es parte obligatoria en las disertaciones, tesis y monografías, se informará la cantidad total de sujetos participantes y datos generales que permitan trazar un perfil de los colaboradores.

Definido el tema de la investigación y la metodología de trabajo, es el momento de elaborar el proyecto. A eso nos referiremos en el próximo capítulo.

IV - La elaboración de un proyecto de investigación

Las informaciones que presentamos en este capítulo tienen como fin ayudar al investigador en la elaboración de su propuesta de estudio. Esperamos, además, que le sean útiles a la hora de prepararse para participar en convocatorias de selección en instituciones de enseñanza superior.

Después de la delicada y criteriosa tarea de elección del tema a investigar, es necesario empezar a redactar el proyecto de investigación. Si las etapas anteriores no han sido del todo sencillas, claro está que esta tampoco lo será. Ahora es el momento de organizar las ideas y encontrar la mejor manera de poner sobre el papel algo que en verdad ya se debe de tener muy claro.

IV.1. Funciones y estructura del proyecto

El proyecto tiene como primer objetivo aclarar cuál será el camino que se pretende seguir para que la investigación se lleve a cabo. Es la presentación formal de nuestras ideas.

Es el momento de hacer la conexión entre lo que uno piensa o pretende y el lector o evaluador del proyecto. No se puede simplemente comenzar a escribir algo. Hace falta planificar y pensar en las estrategias y caminos a seguir para lograr los mejores resultados. Es un intento de convencer a los demás de que nuestra investigación merece la pena. Como se trata de un documento formal de presentación de lo que se pretende realizar, su elaboración es de responsabilidad total y exclusiva del candidato a investigador. De ahí que sea antiético e inadmisible solicitar la opinión o ayuda de especialistas sobre su forma, estructura o contenido.

El proyecto de investigación, normalmente, tiene una estructura semejante en las diversas áreas e instituciones diferenciándose solo en el nivel de exigencia según se trate de una *IC*, de una tesina de *Mestrado* o de una tesis de Doctorado, pero en cualquiera de los casos es esencial que esté muy bien elaborado, tanto en lo que se refiere a la organización de las ideas, como en sus varias sesiones y redacción.

Es muy importante que el investigador, sea iniciante o sea experto, tenga claro que todos los apartados del proyecto son fundamentales y merecen cuidados especiales; además, deben estar perfectamente correlacionados puesto que forman parte de un todo y, como tal, tienen que guardar coherencia los unos con los otros. De la misma manera, también el proyecto forma parte de algo más amplio que es el desarrollo del área de conocimiento.

Aunque la investigación se relacione al campo de la lengua española, en cualquiera de las áreas o subáreas que ya mencionamos, cada institución tiene autonomía para determinar el idioma en el que se debe presentar el proyecto: si en la lengua extranjera o en portugués.

No existe una extensión única determinada para el proyecto: esto depende de las orientaciones de cada institución y del nivel en que se realizará la investigación. En general se espera que el texto tenga entre 10 y 20 páginas, con espacio entre líneas de 1,5 (uno y medio) y letra de tamaño 12 (doce). De todos modos tiene, normalmente, la siguiente estructura:

IV.1.1. Página inicial

Aunque no es obligatoria algunas instituciones solicitan su inclusión. En ella debe figurar el nombre del autor (o de los autores, cuando se trate de investigaciones en conjunto), el título del trabajo, el nombre de la institución a la que será presentado, local y fecha.

IV.1.2. Sumario

Normalmente no se incluye el Sumario en proyectos, pero si se considera oportuno se puede incluir la relación de las partes que lo componen para facilitar su lectura, comprensión, análisis y evaluación.

IV.1.3. Título

Es el primer contacto con el lector o evaluador, por lo tanto, es la primera oportunidad que se tiene de convencer a los demás de la importancia de nuestra investigación. Por eso, debe ser claro, conciso, objetivo y abarcar informaciones que permitan una visión inicial pero amplia de los intereses, objetivos y caminos que el tema elegido ofrece, que anuncie términos-clave que se tratarán en la investigación.

El título es prácticamente un resumen del proyecto y por eso es normal que solo después de finalizado este, se llegue a uno que sea bueno y adecuado.

Deben estar presentes en el título las proposiciones más importantes, palabras-clave, conceptos innovadores y que se pueda vislumbrar tanto el desafío de la investigación como los resultados y beneficios que el estudio puede aportar.

El título no puede ser demasiado amplio. Por ejemplo, si nuestra intención es estudiar la motivación en las clases de lenguas extranjeras, el título **Motivación en las clases de Lenguas Extranjeras**, es demasiado genérico y puede sugerir muchas cosas, puede crear expectativas muy grandes a las que muchas veces no se puede atender. Lo mejor es limitar estas expectativas, definir campos de actuación y llegar a un título más específico que sirva de guión tanto a la investigación como al lector. Si el autor lo considera oportuno, puede atribuirle al proyecto un título general, el cual ofrecería las líneas clave del tema del trabajo, y un subtítulo, que especificaría la temática del estudio. Un ejemplo sería: ***Saborear para saber: diferentes olhares sobre a motivação em sala de aula - um estudo com alunos e professores de espanhol do ensino médio***[10]. Este título nos indica:

- el gran tema: la motivación en clases de LE
- el área específica: lengua española
- la situación investigada: cursos de enseñanza secundaria
- los sujetos de la investigación: alumnos y profesores
- el contexto de la investigación: las clases de lengua

---

[10] Título original de la Disertación de *Mestrado* realizada por Marília Vasques Callegari. FEUSP, 2004.

- el objeto: diferentes puntos de vista sobre la motivación

Al tener toda esa información en el título, el lector o evaluador ya inicia la lectura del proyecto con una idea bastante aproximada de lo que va a encontrar en él y puede, incluso, dirigirla o detenerse más en algunos puntos que en otros, según los considere más o menos relevantes para el desarrollo de la investigación.

Claro está que no resulta fácil llegar a un título que nos satisfaga y que, a la vez, dé una idea completa, clara y concisa de lo que se pretende hacer. Conviene, pues, escribir en borrador todas las posibilidades que se nos ocurran, tratando de ver si no dejamos de incluir alguna idea fundamental o si, al contrario, se entra en detalles secundarios o poco relevantes. También puede ser útil la colaboración de terceros: se puede pedir a dos o tres personas que lean los títulos propuestos y que opinen, es decir, que digan qué les sugieren; esos comentarios pueden dar pistas excelentes sobre si se está en buen camino o no.

IV.1.4. Introducción

Aquí es el momento de presentar el proyecto en el contexto del tema general de investigación elegido. Se debe explicar cómo se llegaron a formular los cuestionamientos y qué aspectos influenciaron la decisión de optar por el área de conocimiento en pauta. A continuación, se puede incluir información sobre el estado del arte, presentando, de forma panorámica y muy breve, trabajos anteriores que versaron sobre el mismo problema. Es válido, además, relacionar el tema y su elección a elementos de la vida profesional o académica del investigador.

Como este apartado presenta el objeto de interés de forma amplia, se trata de dar una visión general de lo que se pretende realizar, de las motivaciones personales y de contextualizar y matizar los principales aspectos sobre los cuales se centrará la investigación. Precisamente por su carácter introductorio, la redacción debe instigar de manera positiva el lector. De ahí que la claridad y objetividad no se deban perder de vista, así como la visión de conjunto entre esta y las demás partes del proyecto y con la importancia que la investigación tendrá para el perfeccionamiento profesional del candidato.

También conviene señalar porqué y cómo se ha elegido la institución a la cual se presenta el proyecto. Más que centrarse en razones demagógicas, hay que tratar de demostrar la relevancia que tal investigación también puede tener para aquella determinada universidad o facultad. Además, los programas de posgrado de algunas instituciones se subdividen en "áreas" o "líneas de investigación". Si fuera este el caso, también hay que indicar el vínculo que existe entre el tema del proyecto y tal área o línea, así como la relevancia de dicho estudio para ese sector.

IV.1.5. Objetivos

Los objetivos caracterizan la finalidad del proyecto. Dependiendo de la importancia o extensión de la investigación se pueden presentar en dos partes: **objetivos generales y objetivos específicos**.

Los **objetivos generales** se refieren más a los propósitos de la investigación en su totalidad mientras que los **específicos** describen etapas del proyecto con más detalle. Eso no siempre es necesario, o sea, puede que con la presentación de los **objetivos generales** ya quede claro el propósito de la investigación.

En esta etapa del proyecto es necesario indicar claramente adónde se pretende llegar y cuáles son los resultados que se espera obtener.

Se recomienda, también, presentar los objetivos con el uso de verbos en infinitivo, así se caracterizan las acciones que se realizarán.

Se comprende que para una adecuada formulación de un proyecto de investigación los objetivos deben estar bastante claros y definidos de acuerdo con la posibilidad de material y de tiempo que se dispone para su realización. Y, por supuesto, coherentes con todo lo que se refiera al tema. Por lo tanto, un proyecto que presente objetivos utópicos, idealistas o demasiado amplios para el tiempo de duración de la investigación corre el riesgo de no ser aprobado. De la misma forma, la inclusión de muchos objetivos en un proyecto es un indicativo, en general, de que no se tiene la suficiente claridad de lo que se desea investigar, de la metodología o del área de conocimiento.

Para el tema de **la motivación en clases de lenguas extranjeras**, antes mencionado, podríamos señalar como objetivos generales:

- investigar la motivación de los alumnos en las clases de E/LE;
- identificar, analizar y proponer soluciones pedagógicas para facilitar el proceso de enseñanza y aprendizaje de E/LE;
- encontrar formas más eficientes para la enseñanza de lenguas extranjeras.

Esos grandes objetivos pueden ser más detallados en objetivos específicos:

- estudiar algunas muestras de clases de E/LE en una escuela de la ciudad de São Paulo;
- analizar las muestras de las actividades propuestas por los profesores y la forma de recepción de esas por los alumnos;
- diseñar actividades y estrategias que lleven en cuenta la motivación de los alumnos;
- observar y analizar los resultados.

IV.1.6. Justificación

La justificación debe describir por qué se desea investigar el tema. Se trata de la descripción de los aspectos que caracterizan la relevancia científica y social del proyecto y la importancia y necesidad de que se estudie más a fondo ese tema.

Debe incluirse una revisión bibliográfica que indique una adecuada comprensión del estadio en que se encuentran las investigaciones sobre el tema. Por lo tanto, se hace necesario conocer al menos los estudios más relevantes que ya existen sobre el asunto a tratar y la relación que mantienen con la investigación propuesta. Por otro lado, es importante que se muestre que el objeto propuesto no ha sido suficientemente estudiado, por lo menos en el aspecto que propone el investigador. También es importante mencionar la relevancia del tema elegido para el área de E/LE y para la comunidad en la que se inserta.

IV.1.7. Formulación del problema

Es la caracterización de las cuestiones y posibles problemas a los que se pretende presentar sugerencias de soluciones. El problema o problemas deben estar claramente elaborados, caracterizados y definidos. Vale recordar que la buena formulación de los problemas es la estructura misma del proyecto, que orientará la elaboración de las demás etapas o secciones.

Las preguntas y posibles respuestas deben explicitarse en este apartado dejando claro que la realización del proyecto aportará soluciones importantes y que el que lo propone está capacitado y dispone del tiempo y de los recursos adecuados para llevarlo a cabo.

Muchas veces el éxito de la formulación del proyecto está en la manera como se consigue identificar el problema: si este está bien formulado ya se acerca a la forma de solución mediante la presentación de alternativas y sugerencias en los diferentes niveles de conocimiento.

IV.1.8. Elaboración de hipótesis

En esta etapa se deben indicar las proposiciones o afirmaciones para resolver el problema (o los problemas) presentado(s) en el apartado anterior. Es importante poner atención al hecho de que las hipótesis que se van a incluir aquí todavía no han sido comprobadas pues este será el trabajo de investigación que se hará, o sea, comprobar las ideas y evidencias que se tienen con relación a determinado tema, pero que carecen de comprobación científica.

IV.1.9. Fundamentos Teóricos

Se trata de una búsqueda detallada y concreta en la literatura sobre lo que se va a investigar. Hace falta conocer muy bien los estudios teóricos para evitar rehacer trabajos y planteamientos ya desarrollados por otros estudiosos. Son necesarias investigaciones en bibliotecas especializadas y/o en la Internet para que se pueda tener una idea clara de todo lo más importante (o por lo menos gran parte) que ya se ha escrito y estudiado sobre el tema. En este apartado, el investigador debe explicitar qué línea teórica adoptará en su estudio y en qué autores se basará. Además, deberá hacer un listado de las obras que todavía no ha leído pero que se muestran necesarias a su investigación. Asimismo, debe justificar la elección de la línea teórica que seguirá.

IV.1.10. Metodología y procedimientos

Este es el espacio para informar cómo se pretende realizar la investigación en la práctica. La metodología se refiere a la manera cómo se obtienen los datos, las informaciones, el tipo de análisis y su organización.

En la parte de los procedimientos explicamos cómo se debe proceder a la hora de recoger, estudiar y presentar los resultados de informaciones obtenidas en la investigación. Por lo tanto, en este momento, hay que indicar cómo se pretende colectar los datos y analizarlos. Por ejemplo: ¿El estudio será cualitativo, cuantitativo o cualitativo y cuantitativo a la vez? ¿Quiénes serán los sujetos de la investigación? ¿Los datos serán tratados a la luz de algún autor o corriente específicos? ¿Qué línea de pensamiento y qué propuesta de estudio se seguirán? Se debe incluir, aún, la referencia a pensadores que ya se han dedicado al estudio del tema para que se puedan añadir nuevas informaciones, ratificar o rechazar lo que se haya defendido anteriormente.

IV.1.11. Cronograma

Importante parte de un proyecto es tener claro exactamente el tiempo del que se dispone y el que uno se propone a utilizar para resolver cada parte del conjunto. El cronograma expresa la compatibilidad de realización de las actividades y propuestas de trabajo en un determinado espacio de tiempo. Para facilitar la exactitud en términos de tiempo que se estima necesario para realizarlo se puede dividir las actividades en etapas, por ejemplo: recogida de materiales y lectura de la bibliografía, redacción del capítulo teórico, recopilación de datos, análisis de los datos, elaboración de la conclusión, redacción final, introducción, etc. Eso nos permite y también al lector acompañar más concreta y eficazmente la evolución del trabajo.

Es fundamental atenerse a plazos factibles, tanto en lo referido a las determinaciones oficiales de la institución como en lo que atañe a las disponibilidades individuales del investigador. Además, hay que considerar que cuando se realizan trabajos de campo (encuestas, entrevistas, etc.) no todo depende de uno mismo: hay que acoplarse a la disposición de las instituciones o de los sujetos y eso puede tomar más tiempo de lo que convendría.

IV.1.12. Bibliografía

Todo trabajo científico requiere esmero y cuidados muy rígidos y será evaluado también en lo que se refiere a la citación de las referencias bibliográficas. Con la correcta indicación del material utilizado se muestra el camino recorrido y a recorrer, se indican las fuentes de información consultadas y se le permite a cualquier investigador seguir el mismo camino. Claro está que nuestro trabajo no será el primero ni el último a tratar el tema, o sea, demostramos aquí que pretendemos aportar nuestra contribución a esos estudios.

Normalmente se exige que las referencias sean presentadas en el patrón *ABNT*[11], pero independiente de la forma como las presentemos lo importante es que estén completas y coherentes y que sean testigos de credibilidad y fiabilidad. Además, se espera que las teorías de base de la investigación se apoyen en las fuentes primarias y no en textos elaborados por terceros. De ahí que sea fundamental recurrir a los estudios y autores originales y que se evite, dentro de lo posible, usar traducciones u obras no consagradas.

Con relación a las informaciones obtenidas en Internet también se requiere mucho cuidado. Hay que indicar incluso la fecha de consulta, una vez que se trata de un material inestable y que puede cambiar rápidamente.

Es muy importante que la bibliografía esté mencionada a lo largo del proyecto, por ejemplo, cuando se mencionan los fundamentos teóricos. De la misma forma no se admite que algo citado en el proyecto no conste en la bibliografía.

IV.2. El lenguaje del proyecto

En cualquier trabajo académico es importante usar un lenguaje adecuado y correcto, pero en un trabajo del área de idiomas eso es fundamental. Un proyecto de investigación se

---
[11] *Associação Brasileira de Normas Técnicas*.

evalúa también por su corrección lingüística, por lo tanto, este aspecto merece mucha atención y cuidado.

El investigador debe considerar y usar siempre un lenguaje:

- correcto desde la perspectiva normativa de la lengua. No se admiten errores de concordancia, puntuación, ortografía, régimen preposicional, etc;
- adecuado desde el punto de vista de la norma culta. No cabe, en un trabajo académico, el empleo de jergas, vulgarismos o coloquialismos. También se deben evitar las repeticiones constantes de un mismo vocablo, pues eso indica pobreza léxica;
- preciso desde el punto de vista del área investigada. La exactitud terminológica es fundamental, de ahí que la bibliografía específica también se configure como un apoyo básico pues los términos y conceptos que se empleen en el proyecto estarán respaldados por las definiciones o ideas defendidas por autores ya consagrados;
- claro y objetivo. Los trabajos académicos deben presentar la información esencial de manera accesible a cualquier lector; sin embargo, eso no significa dejar de incluir explicaciones o definiciones importantes. De la misma forma, párrafos demasiado extensos pueden llevar tanto el autor como el lector a la pérdida del foco principal;
- que permita al autor incluirse e implicarse en el texto. Aunque no existen normas rígidas sobre la persona

verbal que debe emplearse en los textos de este tipo (1ª. persona de singular, 1ª. persona de plural, indeterminación del sujeto), conviene que el autor use una forma de expresión tal que le permita incorporar sus puntos de vista personales explícitamente.

También es igualmente importante someter todo el texto a una detallada revisión, tanto lingüística como de digitación. Ese trabajo lo debe hacer, en un primer momento, el mismo autor pero también se aconseja a que lo revise otra persona, a ser posible con conocimientos en el área de investigación en la cual se inserta el trabajo.

Un cuidado más que se debe tomar se refiere a la inclusión de citaciones cuando estén en un idioma distinto del usado en el proyecto. En tales casos el texto en el idioma original puede figurar en el cuerpo del trabajo pero en nota de pie de página se debe incluir una traducción (personal del investigador).

IV.3. Cambios en el proyecto

Un proyecto de investigación, como cualquier otro proyecto, es la expresión de lo que se pretende realizar dentro de unas condiciones determinadas (nivel, institución, plazo, etc.).

Como ya se ha afirmado, el proyecto que se presenta como parte de las exigencias de un proceso de selección lo evaluará un profesor o un conjunto de profesores, así como el(los) posible(s) director(es) de investigación. Tanto porque los expertos consideren pertinentes ciertos ajustes, como por el hecho de que una condición – o más de una – se vea afectada a lo largo del desarrollo de la investigación, no es incomún que se tengan que realizar alteraciones en el proyecto original. Sin embargo, las eventuales modificaciones que se propongan con posterioridad a su aprobación deben contar con la conformidad del director de investigación y en ningún caso pueden representar cambios profundos de la versión original. Se trata, más bien, de adecuar el proyecto inicial a los datos, evolución del estudio, sugerencias presentadas por especialistas, nueva bibliografía, etc. Lo que se espera es que el trabajo final refleje efectivamente las ideas y propósitos iniciales.

En caso de que durante el desarrollo del estudio el investigador altere puntos relevantes del proyecto, debe hacer constancia de ello en la versión definitiva del trabajo, es decir, se debe explicar qué modificaciones se hicieron, cuándo y porqué. Este cuidado revela no solo el recorrido investigativo del profesional sino también su capacidad de reflexión y su madurez intelectual.

El contacto con diversos tipos de texto (tesis, artículos, reseñas, resúmenes, etc.) a lo largo del curso superior y/o durante la vida profesional también se muestra de gran auxilio a la hora de redactar un proyecto de investigación. A ellos nos referiremos brevemente en el próximo capítulo.

V - Los trabajos académicos: algunas consideraciones

El investigador iniciante no siempre tiene información precisa sobre las características propias de cada tipo de trabajo académico y, precisamente por eso, en ocasiones no se le acepta un determinado trabajo o la evaluación obtenida no es la esperada.

En este capítulo pretendemos ofrecer una breve indicación de los aspectos más representativos de los principales tipos de trabajos académicos. Sin embargo, para obtener información detallada se recomienda recurrir a la bibliografía especializada, donde se suele explicar exhaustivamente los propósitos de cada uno de ellos, su estructura y forma de presentación.

V.1. Resumen

Es una exposición concisa y sintética de las ideas principales de un texto o documento. Con la lectura de un resumen, el lector debe inferir de qué trata el texto, cuál es el asunto principal y desde qué perspectiva(s) lo trata el autor. En este tipo de trabajo no se deben incluir opiniones personales, ni juicios de valor sobre el contenido del texto. Se debe, de manera clara y sucinta, exponer las ideas principales tal y como se presentan. No hace falta mencionar los aspectos secundarios del texto.

La extensión de un resumen es variable, pero debe ser proporcional a la del texto base. Sin embargo, debe sintetizar todo lo posible las ideas centrales del original.

Para realizar un buen resumen es necesario que se cumplan algunas etapas:

- lectura(s): se deben hacer por lo menos dos lecturas del texto a resumir. La primera, más superficial, para reconocimiento del tema y de las ideas principales. En la segunda lectura, se debe buscar en un diccionario las palabras desconocidas, hacer pausas en la lectura para que se entienda bien cada parte del texto y relacionar las ideas presentes en los diferentes párrafos;
- elaboración de un borrador: después de la lectura atenta del texto, se debe comenzar a hacer apuntes: palabras clave, idea principal de cada párrafo, idea global del texto;
- redacción: basándose en las anotaciones hechas en el borrador, se debe comenzar a redactar el resumen. No se recomienda copiar partes del texto, sino que es preferible decir lo mismo con otras palabras. Si fuera imprescindible copiar algún fragmento del texto original, hay que tener el cuidado de ponerlo entre comillas con la indicación correspondiente a la fuente entre paréntesis. La redacción debe ser clara y pautarse en las normas lingüísticas de ortografía, concordancia, coherencia, cohesión, etc. Al final de la elaboración del resumen se debe hacer una lectura atenta para verificar si no se dejó de mencionar ningún dato importante o si hay todavía partes que pueden suprimirse.

V.2. Comentario crítico

Se trata de una evaluación crítica sobre determinada obra o texto. Se diferencia del resumen en dos características básicas:

- no es una síntesis del contenido
- debe incluir la crítica de quien lo elabora.

Para hacer un comentario crítico es necesario, además de entender bien el texto, dominar el tema en cuestión y relacionarlo a otros textos, otros autores, otras perspectivas. Se puede redactar tanto en primera persona de singular como en primera de plural o incluso dejar el sujeto indeterminado, siempre y cuando queden claras las opiniones personales del autor de los comentarios.

V.3. Artículo

El artículo es la exposición de ideas o reflexiones sobre algún tema. Puede que sea parte de los resultados de una investigación académica más amplia. Su extensión es variable dependiendo de la complejidad del tema. Las normas para la elaboración de artículos pueden obtenerse en las editoriales y periódicos a los que se destina. De forma general, debe contener el título, nombre del autor o de los autores, según haya sido escrito por una o más personas, el nombre de la institución a la cual está(n) vinculado(s) el(los) autor(es), un resumen, las palabras-clave, una introducción, el desarrollo del tema, la conclusión y las referencias bibliográficas.

Según la publicación a la que se destine habrá que incluir uno o dos resúmenes: uno en el mismo idioma usado en el artículo y el segundo en otro idioma distinto.

Cada revista especializada, como se ha mencionado, posee normas específicas en lo relacionado a la forma de presentación de los artículos. Cuando se trata de revistas catalogadas el comité editorial somete todo el material que recibe a la lectura de al menos dos especialistas. Esos profesionales reciben los textos sin la identificación de autoría y emiten su opinión. Si hay concordancia favorable, el texto se publicará tal cual, de acuerdo con el cronograma editorial. En caso de concordancia negativa, se informa al(a los) autor(es) y, claro está, no se publica. En caso de discrepancia entre los especialistas en general se envía el texto a un tercer lector. Puede ocurrir, aún, que se indique al(a los) autor(es) que el texto se ha aprobado para publicación pero con la condición de que se hagan los cambios, correcciones o ajustes indicados por los lectores especializados.

Conviene tener presente que no todas las revistas poseen el mismo estatus: existe una clasificación oficial en Brasil que indica la categoría de las principales publicaciones de cada campo del conocimiento y se puede acceder a ella en la dirección http://qualis.capes.gov.br. Eso es de especial interés cuando se está vinculado a una institución pública.

Un último aspecto a considerar se relaciona a principios éticos: no se debe enviar el mismo artículo simultáneamente a dos publicaciones distintas para evaluación. El procedimiento más adecuado es enviarlo a una y, en caso de que se tenga una respuesta negativa, enviarlo a otra.

V.4. Informes

A lo largo de un trabajo de investigación el alumno debe elaborar algunos informes, sobre todo si le ha sido concedida una beca de estudios. Esos informes, en general, tienen como objetivo relatar el estadio en que se encuentra el trabajo, o sea, lo que ya se ha hecho y lo que todavía está por hacer. Es el momento en el que se hace un diagnóstico más real de la práctica investigativa, llevándose en cuenta lo propuesto en el proyecto, las condiciones y eventuales dificultades imprevistas que se hayan tenido. Un informe bien elaborado puede aclarar el camino y las posibilidades de la investigación, proponiendo, cuando sea el caso, cambios y reorganización de las ideas y del cronograma. Es un instrumento de fundamental importancia tanto para el investigador como para el tutor y para las instituciones, pues permite un análisis más detenido de todo el proceso.

Los informes más comunes son los de actividades realizadas y los destinados al examen intermedio (nivel de *Mestrado* y Doctorado), solicitados por la propia unidad de posgrado, y los informes parciales de investigación, requeridos por los organismos de financiación. Además de esos informes que poseen carácter oficial, el director de investigación también puede solicitar la elaboración y entrega de informes adicionales, con el propósito de seguir de manera más organizada y sistemática el trabajo realizado por el estudiante.

V.4.1. Informes de actividades realizadas

Durante el curso de posgrado se le solicita al alumno, sobre todo a causa de la atribución de los créditos actividades, que elabore un informe sobre todo lo que realizó a lo largo de un determinado período: lecturas, asistencia a eventos, presentación de trabajos, publicación de libros, artículos, reseñas, traducciones, etc. Normalmente se debe entregar esos informes semestralmente y el profesor tutor debe aprobarlos, además de incluir sus consideraciones y de sugerir el número de créditos que se le puede atribuir al alumno por las actividades realizadas en el período.

En estos informes, que pueden solicitarse en impreso propio y tener características más o menos específicas según cada institución, se deben relacionar los datos de identificación de las actividades realizadas en el período al que se refiera (tipo de actividad, institución organizadora, local y fecha de realización, tipo de participación del alumno, horas de duración, etc.), una breve descripción de la actividad y del tipo de participación así como una también breve evaluación del alumno, en la que conviene dejar claro en qué medida y porqué esa actividad se vincula a su trabajo investigativo y/o a su formación docente. También existe la necesidad de entregar fotocopias de los documentos que acrediten la realización de las actividades.

V.4.2. Informes parciales de la investigación

a. destinados a organismos de financiación

Este informe, solicitado a los alumnos que reciben becas de estudios, tiene la finalidad de rendir cuentas de las actividades realizadas en un determinado período de tiempo (normalmente a cada seis meses) a los organismos de financiación. Se le exige al becario el envío de informaciones detalladas sobre el proyecto de investigación una vez que, al ser contemplado con la beca, se ha comprometido a cumplir un cronograma preestablecido y también previamente aprobado por las instancias correspondientes y ya ha fijado las etapas de realización del trabajo.

Como está destinado a la lectura y aprobación de la agencia de financiación, este tipo de informe debe contener los datos tanto de la institución a la que está vinculado como del propio becario, del tutor o director, la fecha de ingreso en el programa, si es de *Mestrado* o Doctorado y también el número del informe. A partir del segundo informe hace falta además de esos datos, un resumen de los anteriores.

En este tipo de informe se hace un resumen del proyecto poniendo énfasis a las actividades propuestas para el período en cuestión, la síntesis de los informes anteriores, se exponen los resultados y conclusiones parciales de la investigación, la participación en eventos relacionados a la investigación, las asignaturas a las que el alumno acudió, etc. y se reafirman o se replantean las actividades previstas para el período posterior. En el caso de que haya la necesidad de cambios en lo anteriormente establecido, hace falta que el investigador explique las razones que le motivaron a hacerlos y eso será juzgado por un tribunal, quien verificará si son pertinentes y aceptables o no. El objetivo principal es garantizar que se está haciendo buen uso del dinero y del tiempo destinados a la investigación. En el caso de que no se estén llevando a cabo las etapas propuestas o de que los cambios no se consideren procedentes, o aún de que no se envíe el informe dentro de los plazos exigidos, se interrumpe el pago de la beca. En algunos casos más graves se le exige al investigador la devolución de los importes ya recibidos. Por todo eso, antes de aceptar o solicitar una ayuda económica hay que tener muy claro el compromiso que se asume, porque no cumplir las reglas establecidas por las agencias de financiación le supondrá daños a la imagen del alumno becario, del profesor tutor y también de la institución. De ahí que los informes parciales o el final deben tener el 'de acuerdo' del profesor tutor y del servicio de posgrado antes de que se sometan a la aprobación de las agencias de financiación.

b. destinados al examen intermedio

Para la realización del examen intermedio (ver I.3.4) es necesario que el alumno elabore un informe, conocido normalmente como *relatório de atividades para exame geral de qualificação*, el cual se divide en dos partes:

- actividades diversas realizadas a lo largo de la permanencia en el programa de posgrado;
- el proyecto de investigación actualizado.

En la primera parte deben constar las asignaturas cursadas, con sus respectivos programas y bibliografía;

comentarios personales del alumno sobre cada asignatura y su pertinencia para su trabajo de investigación y/o para su formación docente; el número total de créditos obtenidos con las asignaturas; las diversas actividades realizadas durante todo el programa de posgrado y los datos sobre el examen de suficiencia en lengua extranjera. En la segunda parte debe incluirse información sobre todo lo que haya sido realizado sobre el trabajo de investigación hasta ese momento, es decir, la configuración de los capítulos, de la bibliografía consultada y a consultar, la recopilación de datos, si hay, o su borrador, etc. Al final se debe añadir el currículo, preferentemente en el modelo de la *Plataforma Lattes*[12]. Se deben entregar varias fotocopias de dicho informe, según las orientaciones del sector de posgrado. Para la elaboración de este informe son de gran ayuda los informes parciales realizados anteriormente. Para la redacción es necesario verificar si hay normas específicas en la unidad a la que se esté vinculado.

c. informes de *Iniciação Científica*

Los estudiantes vinculados a un programa de *Iniciação Científica*, becarios o no, también deben presentar al menos un informe parcial (después de seis meses de su ingreso en el programa) y otro final. Si el alumno es becario, el informe será analizado y evaluado por el organismo de financiación; si no lo es, esta responsabilidad queda a cargo del Comité de Investigación de la facultad a la cual está vinculado el alumno.

---

[12] Ese modelo de curriculum, cada vez más extendido y exigido en Brasil, está disponible en el sitio de CNPQ: www.cnpq.br

El informe parcial de *IC* se semeja, en sus características, al detallado en el apartado V.4.2.a, mientras que el final debe recoger toda la información de la investigación realizada, puesto que se trata de dar a conocer tanto el recorrido de la investigación como la fundamentación teórica adoptada, metodología utilizada y los resultados obtenidos. En este sentido, se asemeja, en la forma, a la Disertación de *Mestrado*; sin embargo, en lo referido al contenido posee un nivel no tan elevado, puesto que las investigaciones de *IC* las realizan estudiantes de las carreras universitarias, y no los alumnos de posgrado.

V.5. Monografía

La Monografía, actividad presente tanto en el nivel de graduación como de posgrado, es normalmente el trabajo que se exige en algunas instituciones como conclusión de curso, sea de una asignatura, sea de una carrera y se refiere a un tema específico y relacionado con el área en que el alumno se graduará o con un tema determinado de la asignatura que ha cursado.

En algunas instituciones se exige además de la aprobación en las asignaturas del curso la elaboración de una monografía, que se puede llevar a cabo individualmente o en grupo. Suele recibir el nombre TCC (*Trabalho de Conclusão de Curso*) o TGI (*Trabalho de Graduação Interdisciplinar*).

En el caso de que sea una monografía de conclusión de carrera hace falta defender académicamente la investigación.

Además de hacerla dentro de las normas y patrones establecidos, hay que explicar a un tribunal especialmente designado para esa finalidad el proceso, la decisión por el tema, el uso de las fuentes, la metodología utilizada, etc. Los examinadores pueden hacerle preguntas al estudiante que deberá, siguiendo los procedimientos propios de cada institución, contestarlas de inmediato.

La monografía es el resultado de un trabajo de investigación científica elaborado por el alumno con la orientación de uno o más profesores. En la investigación el alumno tiene como objetivo conocer mejor o profundizar sus conocimientos del área y hacer un análisis crítico de las fuentes y de trabajos de algunos autores sobre el tema, así como proponer nuevos abordajes que contribuyan para el desarrollo del área.

Las etapas para la elaboración de las monografías en general son las mismas de cualquier trabajo científico: la elección del tema, selección de bibliografía, descripción de los métodos y técnicas que serán utilizados, análisis de las informaciones y de los datos recogidos, conclusión; y en algunos casos, defensa pública para un grupo de profesores.

Ya la Monografía de posgrado suele estar vinculada al proceso de evaluación de una asignatura cursada por el alumno. El tema, como ya se ha referido, debe relacionarse a los asuntos tratados en el curso y, a ser posible, a la propuesta de investigación – de *Mestrado* o de Doctorado - del estudiante. En este caso solo se hace entrega de versión impresa, sin lectura pública.

Ninguna de las dos posibilidades de Monografía posee una extensión preestablecida: serán el tema elegido y la profundidad con la que se trate el asunto los elementos que la determinarán.

V.6. La Disertación de *Mestrado* y la Tesis Doctoral

Al concluir una investigación de posgrado, el estudiante debe someterse a un examen final que toma como base el trabajo realizado. Según el nivel, se tratará de una Disertación o de una Tesis.

V.6.1. La Disertación

Se denomina Disertación el trabajo escrito elaborado a lo largo del curso de *Mestrado* (Posgrado *stricto sensu*) y presentado al final en defensa pública a un tribunal examinador (compuesto por el profesor tutor y dos profesores más). Si es aprobado en el examen final, el candidato recibe el título de *Mestre*, como explicado en el capítulo I.

La disertación es, muchas veces, el primer contacto que tienen algunos alumnos con la investigación científica, y, precisamente por eso, a veces se presentan dificultades.

Para los estudiantes que anteriormente ya se hayan dedicado a algún tema de investigación, esta es la posibilidad de profundizar y ampliar sus estudios. El tema elegido no necesariamente debe ser inédito, pero debe todavía presentar posibilidades de investigación.

Cualquiera que sea la situación – estudiante con experiencia en investigaciones o no – es fundamental tener en cuenta que el objetivo central de este tipo de trabajo académico es dar a conocer el potencial investigativo del alumno con la investigación realizada y sus resultados. De ahí que su redacción – como quedó señalado en el capítulo IV - deba merecer especial atención.

V.6.2. La Tesis

Se trata del trabajo escrito elaborado a lo largo del curso de Doctorado (Posgrado *stricto sensu*) y presentado al final en defensa pública a un tribunal examinador (compuesto por el profesor tutor y cuatro profesores más). Si es aprobado en el examen final, el candidato recibe el título de Doctor.

La tesis es el trabajo científico en el cual el autor se propone a investigar, en profundidad, un tema específico. El trabajo tiene como una de sus características principales la originalidad del estudio. Esto no significa que el tema en sí no pueda haber sido estudiado, sino que la forma de tratarlo es innovadora o supone un avance en los estudios del área y una contribución científica importante.

V.6.3. Elaboración de Disertaciones y Tesis

Tanto la disertación como la tesis son dirigidas por un profesor tutor; sin embargo, su elaboración es de total responsabilidad del investigador.

Cada institución posee normas específicas en lo referido al idioma en el cual se debe o se puede presentar este tipo de trabajo. En la actualidad se empieza a solicitar la entrega del original en papel y también en formato electrónico. Además, algunos programas de posgrado establecen normas específicas en lo referido al tipo de encuadernación, por ejemplo.

Las etapas para la elaboración de una disertación o tesis son:

- elección y delimitación del tema;
- formulación del problema, objetivos e hipótesis de trabajo;
- selección y análisis de la bibliografía de base;
- elaboración de la parte teórica en la cual se basa el estudio;
- elección de los métodos y técnicas que serán utilizados en la parte empírica, si la hay;
- compilación de datos;
- análisis de los datos recogidos;
- conclusión.

La estructura de una disertación o tesis está formada por:

- portada
- calificaciones
- hoja de aprobación
- dedicatoria
- agradecimientos
- índice de los contenidos
- índice de cuadros, gráficos, ilustraciones, mapas, etc.
- resumen (en por lo menos dos idiomas: portugués y una lengua extranjera)
- epígrafe
- introducción
- parte teórica
- parte empírica
- conclusión
- bibliografía
- anexos y apéndices

Hemos presentado en este apartado características de algunos trabajos de investigación académica. De todos modos, como ya hemos señalado anteriormente, sugerimos que, antes de empezar la realización de un trabajo científico, el investigador busque informaciones directamente en la institución a la que pretende presentarse para tener claro si tal institución ofrece o no sus propias reglas de elaboración y presentación formal del texto.

Bibliografía

BASTOS, C.L. e KELLER, V. (1997) *Aprendendo a aprender: introdução à metodologia científica.* Petrópolis, Vozes, 9ª.ed.

BOOTH, W.C., COLOMB, G.G. e WILLIAMS, J. M. (2000) *A arte da Pesquisa.* São Paulo, Martins Fontes. Tradução: Henrique A. Rego Monteiro.

FRANÇA, J.L. (2000) *Manual para normatização de publicações técnico-científicas.* Belo Horizonte, Ed. UFMG, 4ª ed.

MÜLLER, M.S. e CORNELSEN, J.M. (2003) *Normas e padrões para teses, dissertações e monografias.* Londrina, Eduel, 5ª. ed.

NAHUZ, C. dos S. e FERREIRA, L.S. (1989) *Manual para normalização de monografias.* São Luís, CORSUP/EDUFMA.

NEOTTI, A. et al. (1985) *Manual de procedimentos para elaboração de trabalhos científicos.* Ponta Grossa, UEPG.

SEVERINO, A.J. (1986) *Metodologia do trabalho científico.* São Paulo, Cortez, 13ª. ed.